Peter Arnold, Tony Arnold - Christen

Arbeit gab es immer genug, niemand nahm sie uns weg

Der „Gäissä-Tony", Bergbauer im Schächental, erzählt aus seinem Leben

© 2020 Arnold, Peter; Arnold, Anton
Umschlag, Satz, Illustration: Nirine Arnold
Verlag und Herstellung: BoD - Books on Demand,
Norderstedt

ISBN: 9783751952637

Titelfoto: Tony mit Stier „Walzer"

Inhaltsverzeichnis

Wie dieses Buch entstanden ist

Der Bergbauer Tony Arnold-Christen vom Wyler, Spiringen (UR), auch Gäissä-Tony *gerufen, ist weit über die Kantonsgrenzen hinaus bekannt. Wen wundert's angesichts seines weitläufigen Beziehungsnetzes sowie der zahlreichen öffentlichen Ämter und Würden, die er in seinem Leben bekleidet hat! Möglicherweise ist seine Reputation noch mehr seinem markanten Auftreten geschuldet, denn er fällt auf, der unverwechselbare Charakterkopf aus dem Schächental mit seinem wallenden Vollbart, dem strubbeligen Haar und der Bauernpfeife, die lässig aus seinem Mundwinkel hängt. Der personifizierte urchige Bergler, denkt man. Tony sagt, er sehe schon lange so aus, sein Erscheinungsbild sei so etwas wie sein Markenzeichen geworden.*

Allerdings gehörte ich bis vor kurzem zu jenen Menschen, denen sein Name nichts bedeutete. Hätte man ihn erwähnt, ich hätte nachfragen müssen, wer damit gemeint sei. Und das, obwohl wir eigentlich verwandt sind! Denn wir sind beide Heirchä, *gehören mit anderen Worten zu jener Schächentaler Sippe, die auf Heinrich Arnold-Arnold (1752-1819) zurückgeht. Dieser war Bauer im Getschwiler und hatte das Patronat über die Getschwilerkapelle inne. Tonys und mein väterlicher Grossvater waren Urgrosskinder dieses Heinrich. Sie waren Halbbrüder, denn sie hatten denselben Vater, aber eine andere Mutter.*

1

Zum ersten Mal bin ich auf Tony aufmerksam gewor-
den, als ich 2015 im Urner Wochenblatt von seiner Wahl zum
Kerzenvogt der Sennenbruderschaft Bürglen erfuhr. Ich war
damals mit den Vorarbeiten für die Geschichte meiner Familie

Mit den Geissen die Welt entdeckt

Sennenvater | Mit grosser Freude und ohne Herzklopfen an der Kilbi in Bürglen

Tony Arnold wird seine Holzschuhe für einmal in Spiringen lassen. Das sei zum «Pääntlä und Tanzen an der Sennenkilbi besser und der Ehre als Sennenvater angemessen, meint er.

erich Herger

Im Alltag trägt er meistens Holzschuhe, barfuss. Im bärtigen Gesicht raucht die Tabakpfeife. Vor dem Hauseingang links im Wyler in Spiringen hängen unzählige «Treichla» und «Trichli», auch solche aus Österreich, dem Tessin oder aus der Romandie. Tony Arnold ist zwar kein «Trichlischmied», aber er konnt sie seit her um. Für ihn sind die Treicheln von praktischem Nutzen, ein faszinierendes Handwerk, ein starkes Symbol, aber vor allem ein wichtiges Kulturgut. «Sie gehören seit Generationen zum festen Bestandteil im bäuerlichen Alltag», sagt er. Die Bauern hängen die Glocken, Schellen und Treicheln ihren Tieren um den Hals, um die einzelnen Tiere ihrer Herde zu erkennen, verirrte Tiere wiederaufzufinden, die Herde zusammenzuhalten oder sie bei besonderen Gelegenheiten zu schmücken. Tony Arnold lebt ganz bewusst diese Tradition und Kultur.

Seit Generationen im Wyler

1898 hatten sein Grossvater und Grossonkel, «de Heirichä», zur Stammliegenschaft Getschwyler den Wyler in Spiringen gekauft. Drei Jahre später übernahm der Grossvater die Liegenschaft Wyler, der Grossonkel die Getschwyler. 1944 folgte die nächste Generation. Sein Vater und

Tony Arnold posiert – zusammen mit seiner Frau Rosy – auf dem Quadratmeter genau dort, wo er vor 67 Jahren im Wyler in Spiringen geboren wurde.
FOTO: ERICH HERGER

rück» 1977 konnte Tony Arnold den Landwirtschaftsbetrieb seines Vaters übernehmen. «Ich widmete mich im Sommer vor allem dem «Häwä» im Wyler, und meine Frau und ein Teil meiner Kinder salen auf der Sittlisalp zum Rechten», erklärt er, der Vater von zehn Kindern. Aber mit der Sittlisalp blieb er sehr verbunden. «Bis 1967 ging ich immer «d Alp...», sagt er. Von Anfang an hatte er sich mit

Nachbarn für 1000 Franken ein Gitzi kaufen wollen, erinnert sich Tony Arnold. «Aber er gab es mir nicht, weil er wohl wusste, dass ich keine Ahnung hatte, was 1000 Franken sind.» Zwei Geissen und zwei Gitzi kaufte er dann 1968, als der Knecht aus dem Luzernerland in den Wyler nach Spiringen

«Ich habe das nicht gesucht, aber die Ehre als Sennen-

experten, den ich nicht ausgebildet hatte.» Überall in der Schweiz, wo es Ziegen gab, war Tony Arnold aus Spiringen anzutreffen. Im Auftrag des SZZV kaufte er Ziegen für den Export. 1995 begleitete er einen Transport von 200 Ziegen nach Bosnien. Er brachte Ziegen auch nach Italien, Deutschland, Ös-

zuchtgenossenschaft Spiringen. Zeitweise habe er in sieben verschiedenen Organisationen gleichzeitig als Präsident geamtet.

Hauptsache die Grossvieh

«Aber die Hauptsache im Wyler war immer das Grossvieh», betont Tony Arnold. Angefangen hatte er mit zwölf Grossvieheinheiten und 4,5 Hektaren. Als er vor zwei Jahren den Betrieb übergab, waren es 30 Grossvieheinheiten und 20 Hektaren. Auf der Alp sind 20 Kuhtriebrechte, Kühe und Kälber, und vier Geissen – in Absprache mit dem Einverständnis der Älpler. Denn auf Korporationsboden hat er grundsätzlich kein Recht, Geissen zu halten, wo Kühe weiden können.

Grosse Familie, eigener Betrieb, grosses Engagement als Ziegenexperte und auf der Sittlisalp. Dennoch hat sich Tony Arnold auch für das Gemeinwesen und die Gemeinde Spiringen zur Verfügung gestellt. Er war Schulratspräsident und von 1988 bis 2000 Mitglied des Urner Landrats. Als Wortführer der Landwirtschaftspolitik hat er es bis in die Wandelhallen des Bundeshauses geschafft. Seit 2013 ist Tony Arnold Mitglied des Gemeinderates Spiringen. Diese Ämter habe er eigentlich nicht angestrebt. Aber «Ich habe immer meine Meinung kundgetan. So hat man mich eingebunden in die Politik. Man steht ja in Spiringen mich in der Schlange für solche Ämter.»

Zeichen der Wertschätzung

Dass er an der Michaelsgemeinde vom 29. September zum Sennenvater gewählt wurde, sieht er als Zeichen der Wertschätzung und empfindet das

Der Zeitungsartikel, der mich auf Tony Arnold aufmerksam machte

beschäftigt, die inzwischen in Buchform erschienen ist[1]. Des-
halb nahm ich diese Nachricht interessiert zur Kenntnis. Im
Zusammenhang mit meinen Recherchen sind wir uns dann
zwei Jahre später zum ersten Mal begegnet. Ich hatte um Ein-
blick in die Pfarreibücher von Spiringen gebeten, wo ich hoff-
te, ein paar Fragen über zwei oder drei Vorfahren zu klären.
Als ich mit dem Präsidenten des Pfarreirats das Gemeindehaus
betrat, machte er mich auf ein Paar Holzschüä, auch „Sen-
nenzoggel" genannt, neben dem Eingang aufmerksam. Früher

---

1   Wurzeln und Flügel, Geschichte meiner Urner Familie, Verlag Tredi-
tion, Hamburg, 2017

trugen hierzulande die meisten Älpler diese Fussbekleidung, in die man barfuss hineinschlüpft. Unterdessen sind sie allerdings aus der Mode gekommen. Tony sagt, er selber kenne niemand mehr im Urnerland, der sie ausser für folkloristische Anlässe anzieht. Ob ich wisse, wem sie gehörten, fragte mich mein Begleiter? Natürlich musste ich das verneinen. Unterdessen weiss ich: Tony hat dieses Schuhwerk noch immer tagaus tagein an den Füssen, überall, selbst im Winter. Damals hatte er sich gerade aus irgendeinem Grund in die Gemeindekanzlei begeben, weil er dort als Gemeinderat etwas zu erledigen hatte. Ich liess es mir nicht nehmen, ihm die Hand zu schütteln.

Ins Gespräch kamen wir allerdings erst nach der Veröffentlichung meines Buches, zu dessen ersten Lesern er gehörte. Wir vereinbarten ein Treffen, weil ich hoffte, von ihm mehr über die Geschichte seines Heirchä-Zweigs zu erfahren. Noch mehr interessierte mich, von ihm zu hören, was es heisst, sich in der heutigen Zeit als Bergbauer zu behaupten. Das Bauernleben, das ich als Kind noch selber auf unserem kleinen, an Vaters ledigen Bruder verpachteten Hof im Talboden von Schattdorf und im Sommer bei Verwandten als Hirtenbub auf dem Urnerboden erlebt hatte, ist ja längst Vergangenheit. Mein 1935 verstorbener Heirchä-Grossvater hatte sich nichts Schöneres und Erstrebenswerteres als ein Dasein als Bauer auf eigenem Grund und Boden vorstellen können. Damit war er wohl nicht allein, denn seinerzeit lebte noch ein Grossteil der Schächentaler fast nur von der Landwirtschaft. Heute bilden selbst in diesem Seitental die Bauern eine immer kleiner werdende Minderheit. Vielleicht werden sie sich, sogar dort, schon bald wie die letzten Mohikaner vorkommen.

Deshalb hat es mich ganz besonders gefreut, dass Tony sich sofort bereit erklärte, mir einen Einblick in seine Lebensgeschichte zu gewähren. Was er in den vergangenen

3

Monaten in seiner guten Stube im Wyler in mehreren längeren Gesprächen meinem Aufnahmegerät anvertraut hat, war überaus spannend. Manchmal hörte auch seine Frau Rosa mit einem Ohr zu und flocht die eine oder andere Bemerkung ein. Eigentlich hatte ich nicht an eine Veröffentlichung gedacht, doch wir fanden schliesslich beide, was Tony berichtete, dürfte wohl nicht bloss seinen engeren Familien- und Bekanntenkreis, sondern auch eine breitere Öffentlichkeit interessieren. Denn seine Geschichte steht exemplarisch für die Geschicke vieler anderer Menschen, die in ähnlichen Verhältnissen grossgeworden sind und sich für ein Leben als Bergbauer entschieden haben. Zudem bietet sie einen lebendigen Einblick in die jüngere Geschichte des Schächentals. Meinem „Cousin" gilt daher mein wärmster Dank für das Vertrauen, mit dem er mich in sein Lebensbuch hineinblicken liess.

Beim Erzählen hat er immer wieder typische Urner Begriffe und Redewendungen gebraucht, die ich nur ungern ins Hochdeutsch übersetzte, weil sie dann viel an Echtheit, Präzision und Würze verloren. Deshalb habe ich einige dieser Mundartausdrücke als Kostprobe beibehalten. Sie sind im nachfolgenden Text kursiv geschrieben. Sofern es sich nicht um Ortbezeichnungen, Vor- und Nachnamen oder Übernamen handelt, habe ich sie am Ende des Buches im Glossar der Mundartausdrücke „eingedeutscht".

Doch jetzt hat Tony das Wort.

Peter Arnold, im März 2020

4

Meine Wiege stand im Wyler

Ich bin am 13. Februar 1948 hier im Wyler unterhalb der Getschwilerkapelle im oberen Stock des alten Hauses auf die Welt gekommen. Dort habe ich auch die ersten zwei Jahre

Mein Geburtshaus im Wyler

meines Lebens verbracht. Aufgewachsen bin ich dann unten in Unterschächen. Ich war das älteste Kind von Franz und Anna Arnold-Kempf. Bis ein paar Jahre vor meiner Geburt hatte der Wyler dem *Heirchä* Seppli, meinem Grossvater Josef Arnold-Herger gehört. Als ich geboren wurde führte mein Vater den Hof zusammen mit seinem ledigen Bruder Sepp. Zum Betrieb gehörte noch ein Alprecht auf Sittlisalp, das der Grossvater 1925 erworben hatte. Die Grosseltern und Grossvaters unverheiratete Schwester Anna, *Harzvogi* gerufen, lebten ebenfalls mit uns. Vater war das jüngste Kind der Grossfamilie von Josef Arnold-Herger, Onkel Sepp das zweitjüngste. Vor ihnen waren sieben Schwestern auf die Welt gekommen. Das älteste Kind, ein Sohn, war wenige Monate nach der Geburt gestorben.

Die Grossfamilie von Josef Arnold-Herger. Franz, der Vater von Tony, ist der dritte von links in der hinteren Reihe.

Von den ersten Jahren im Wyler ist mir nichts in Erinnerung geblieben. Dafür war ich noch zu klein. Aber die Grosseltern, Grosstante Anna und Onkel Sepp habe ich gut gekannt.

6

Beim Tod meines Grossvaters war ich zwölf. Er starb 1960 im Alter von fünfundachtzig Jahren. Die Grossmutter lebte bis 1971.

Dem Grossvater begegnete ich allerdings fast nur, wenn wir am Sonntag im Wyler zu Besuch waren. Meist sass er dann irgendwo, eine Pfeife im Mund, draussen auf einem Bänkchen oder in der Stube in seinem Korbsessel. Geistig war er noch voll da. Er hatte schneeweisses Haar. Bei der Arbeit habe ich ihn aber nicht mehr erlebt. Ich weiss nur, dass er auch im fortgeschrittenen Alter noch ein wenig schreinerte. Damit hat er wohl erst richtig angefangen, seit er den Betrieb seinen Söhnen überlassen hatte. Davor fehlte ihm dafür, denk ich, manchmal einfach die Zeit. In der Stube stand ein Buffet, das er selber hergestellt hat, natürlich alles von Hand, zuschneiden, hobeln, usw. Das neue Buffet ersetzte ein altes aus dem Jahr 1726, das er nachher fachmännisch restaurierte, sodass es bis zum Hausbrand 1999 weiterhin in Gebrauch war. Allerdings habe ich meinen Grossvater nie beim Tischlern beobachtet. Am Sonntag liess er das bleiben, und unter der Woche war ich selten bei ihm oben.

Grossvater starb beim Rauchen, effektiv. Mit den Jahren wurde er immer schwächer, ohne je wirklich krank zu sein. Am Schluss verliess er das Bett nicht mehr. Eines Tages äusserte er den Wunsch, noch einmal eine Pfeife zu rauchen. Also stopfte man eine und reichte sie ihm. Er nahm ein paar Züge daraus, legte sie zur Seite, sank ins Bett zurück - und verstarb.

Grossmutter war eine *Hirmiger*. Die *Hirmi* gehört zu den hintersten Heimwesen oberhalb von Urigen Richtung Klausen. Grossmutter hatte im Haushalt das Sagen, sie führte ihn nach alter Manier, wie sie es gewohnt war. Beispielsweise hat sie den elektrischen Teil des Kombiherds, den Onkel Sepp einbauen liess, kaum je eingeschaltet. Sie zog es vor, mit Holz zu kochen, mit dem sie sehr sparsam umging. Im Sommer bei schönem

Wetter kam es jedenfalls selten vor, dass sie auf dem Herd Wasser für den Abwasch warm machte. Stattdessen stellte sie eine wassergefüllte Schüssel hinters Haus an die Sonne. Mitte der Sechzigerjahre brach sie sich den Oberschenkel und musste ins Spital. Einmal erlitt sie auch einen Magendurchbruch. Danach verbrachte sie den Winter abwechslungsweise bei ihren Töchtern Ida und Anna in Altdorf.

Im Frühjahr 1968 zog unsere Familie wieder in den Wyler zurück. Grossmutter lebte darauf eine Zeitlang bei uns. Im Sommer bereitete sie den Heuern das Essen zu. Am Abend sah sie es nicht gerne, wenn lange Licht brannte, sie wollte früh Feierabend haben. Sie bestand darauf, dass wir, wenn es dunkel wurde, sofort ins Haus kamen, um den Rosenkranz zu beten, worauf sich alle schlafen legten. Im Herbst zog sie wieder zu ihren Töchtern nach Altdorf, im alten Haus war wenig Platz. Im Sommer 1969 kam sie noch einmal zurück, doch danach hat sie nie mehr hier gewohnt. Damals war man auch noch nicht so mobil wie heute. Sie starb 1971 in Altdorf, altersschwach, mit vierundneunzig Jahren, bei ihrer Tochter Anna in der Planzermatte.

Grosstante Anna habe an mir als kleines Kind ein wenig den Narren gefressen gehabt, erzählte meine Mutter jeweils. Die ältliche Dame war nicht besonders gesprächig. Ihren Beitrag zum Haushalt leistete sie vor allem auf dem Land oder beim *Schtüdägarbnä*. Im Haus drin wäre sie wahrscheinlich Grossmutter in die Quere gekommen.

Mit Onkel Sepp hatte ich als Kind wenig Kontakt, mal abgesehen von den sonntäglichen Grosselternbesuchen. Als Jugendlicher war ich dann mehr bei ihm. So ging ich ihm dann und wann bei Bauarbeiten im Wyler zur Hand. Wir kamen gut miteinander aus. Er war mein Firmgötti, und ich teilte seine Vorliebe für die Viehzucht und das Viehgeläut, was ihn offensichtlich sehr freute. Ich habe ihn nie gefragt, weshalb er ledig geblieben sei. Vielleicht lag es an den Wohnverhältnissen. Es wäre bestimmt eng geworden, wenn er geheiratet und Kinder gehabt hätte. Kam hinzu, dass Grossmutter zwar eine liebe Frau war, aber eine Schwiegertochter hätte bei ihr im Haushalt wenig *z'gebenedäjä gha*. Und da sie eine tüchtige Haushälterin war, hatte es mein Onkel von da her gesehen gar nicht nötig, *ämmänä Wiibervolch naa z'gaa.*

Vater wäre als Jugendlicher gerne Schneider geworden, eine Tätigkeit, die vor allem Frauen ausübten. Seine älteste Schwester Ida hat diesen Beruf sogar erlernt. Das war damals für Mädchen im Schächental eine Seltenheit. Auch Seppi, eine andere Schwester, schneiderte viel. Vater erzählte manchmal, er habe als Schulkind lieber ihr geholfen als in den Stall zu gehen. Aber ein Handwerk erlernen war für Bauernsöhne noch nahezu undenkbar. Deshalb übernahm Vater anfangs der Vierzigerjahre zusammen mit seinem Bruder den Landwirtschaftsbetrieb im Wyler. Manchmal mieteten sie noch das eine oder andere Stück Pachtland hinzu. Aus Aufzeichnungen der Viehversicherung geht hervor, dass sie bis zu vierzehn Kühe, ein paar Kälber und zwei oder drei „Maisrinder" überwinterten. Für damalige Verhältnisse war das eine ansehnliche Zahl. Vater war aber immer mehr der Älpler, während Sepp den Wyler besorgte. Er war zwar schon gerne Bauer, aber ein „angefressener" Viehzüchter wie sein Bruder war er nicht.

Meine Mutter war eine *Chämpfä* vom Schweigacher. Der Hof liegt unten vor dem Dorf Unterschächen oberhalb der Klausenstrasse. Sie war das älteste Mädchen und zweitälteste von dreizehn Kindern, von denen allerdings drei klein starben. Im Frühling 1937, meine Mutter war erst fünfzehn und ihr älterer Bruder Peter sechzehn, starben beide Eltern innert weniger Tage. Peter nahm das Heft in die Hand und schaute, dass

Meine Grosseltern Alois und Marie Kempf-Bissig vom Schweigacher mit ihren drei Ältesten. Meine Mutter Anna sitzt auf dem Schoss ihres Vaters.

die Familie zusammenblieb. Das Waisenamt stimmte trotz Bedenken zu, allerdings unter der Bedingung, dass man eine Magd anstellte. Um diese bezahlen zu können, ging Mutter in fremden Haushalten arbeiten. An einer Stelle in Flüelen blieb sie, glaub ich, ganze zwei Jahre. Danach kehrte sie auf den Schweigacher zurück. Zu diesem Zeitpunkt begann die Familie Kempf wieder, auf die Alp zu gehen.

Wie sich Vater und Mutter kennengelernt haben, weiss ich nicht. Sie haben sich nie dazu geäussert und ich habe sie nicht gefragt. Aber sie dürften sich schon relativ jung begegnet sein. Der Schweigacher liegt ja nicht weit weg vom Wyler. Wenn man auf die Sittlisalp zog, wählte man oft einen Weg, der nahe daran vorbeiführte. Mein Vater kannte auch Peter gut, Mutters älteren Bruder. Die beiden halfen sich oft gegenseitig.

Meine Eltern heirateten im November 1946 in der Getschwilerkapelle. Danach liessen sich im Wyler nieder. Mutter war zu diesem Zeitpunkt vierundzwanzig, Vater drei Jahre älter.

Unten im Butzen und in den Bielen

Zwei Jahre nach meiner Geburt wurden die Wohnverhältnisse im Wyler zu eng. Deshalb teilten die Brüder Sepp und Franz 1950 den Betrieb. Mein Onkel übernahm den Wyler samt Eltern und Tante, Vater die Sittlisalp. Im Herbst dieses Jahres zogen meine Eltern mit mir nach Unterschächen hinunter. Im Butzen hatten sie eine Wohnung gemietet.

Dort hat es mir nie gefallen. Man lebte wie in einem Loch. Im Winter kam die Sonne monatelang nicht hin und man hatte keine Aussicht, ganz anders als im Wyler oben. Mir war, als hätte man mir Obsaum und die Spitzen genommen, die man vom Wyler aus gut sieht. Zuerst verfügten wir über kein Land. Doch im Sommer gingen wir immer auf die Alp. Wir besassen ein paar eigene Kühe, die wir nach der Alpabfahrt „verstellten". Ausserdem sömmerten wir diejenigen von Onkel Sepp und ein paar anderen Bauern. War die Alpzeit vorbei, ging Vater taglöhnern. Sofern es etwas zu tun gab, was im Winter nicht immer der Fall war, arbeitete er bei der Baufirma Sepp Baumann, Altdorf. Sein Stundenlohn betrug einen Franken fünfundzwanzig. Um leichter zur Arbeit zu gelangen, legte er sich ein Fahrrad und später einen kleinen Töff zu. 1965 kaufte er einen VW-Käfer.

1954 starb der Besitzer des Butzen, *dr jung Busi*, an einem Herzschlag. Er war ein junger Familienvater und besass drei kleinere Liegenschaften. Weil seine Kinder noch sehr klein waren, wurde der Betrieb aufgelöst. Vater konnte den Butzen

11

pachten. Das Heimwesen war allerdings nicht besonders gross. Wir überwinterten meistens nur gerade eine Kuh, ein Rind und ein Kalb. Hatten wir etwas Milch übrig, verkauften wir sie an Leute aus Unterschächen, die bei uns vorbeikamen. In Unterschächen unten gab es im Winter nur wenige Kühe. Der Literpreis betrug fünfzig Rappen, etwa so viel wie heute. Dafür konnte man dazumal ein Kilo Brot kaufen. Jetzt kostet es über vier Franken.

Vater war ein arbeitsamer Mensch und handwerklich sehr begabt. Er verstand etwas von Transportseilbahnen und Seilwinden. Das nötige Wissen dafür hatte er sich selber angeeignet. Er bastelte für sich mit einer Trommel aus Eschenholz eine Seilwinde, die wir jahrelang vorwiegend auf Sittlisalp zum Ziehen von Holz, Mist und Wildheu verwendeten. Die Einrichtung war sehr mobil, es war ein Leichtes, sie von einem Ort zum anderen zu schaffen und dort neu aufzubauen. Deshalb lieh Vater sie auch an andere aus. Im Lauf der Zeit baute er dann für unseren Eigenbedarf auch einfache Transportseilbahnen, beispielsweise eine auf Sittlisalp im Hinteren Boden auf Bödmer. Wir brauchten sie vor allem für den Milchtransport. 1969 erstellte er, wie noch zu berichten sein wird, eine Seilbahn von der Klausenstrasse zum Wyler hinauf, anfangs vor allem, um Material für den Stallbau zu transportieren.

Vater war auch im Vorstand der Drahtseilbahngenossenschaft Sittlisalp, die 1954 gegründet wurde. Zwar besass dort der *Furliger* bereits seit den Dreissigerjahren eine private Warentransportseilbahn, die vorher von Schattdorf aufs Haldi geführt hatte. Er liess sie von der Firma Niederberger, Dallenwil, herbringen und im Brunnital wieder aufbauen. Sie stand auch anderen Älplern zur Verfügung, war aber für den Personentransport nicht geeignet. Daher wurde Niederberger 1955 von der Genossenschaft beauftragt, eine neue Bahn zu bauen, die auch diesem Zweck dienen würde. Wie die von *Furliger* wurde sie von Gegengewicht angetrieben, das heisst, das talwärts fahrende Schiffchen, das dank eines gefüllten Wassertanks mehr Last aufwies, zog das bergwärts fahrende hoch. Solche Seilbahnen gab es damals in Uri zuhauf. Die Konstruktion auf Sittlisalp war aber mit einem störenden Fehler behaftet. Im obersten Teil war die Linienführung des Tragkabels so flach, dass man die Kabine zuerst mit Menschenkraft bis über die erste Stütze hinausschieben musste. Erst dann vermochte das Gegengewicht seine Wirkung zu erzeugen. Deshalb erstand die Genossenschaft nur ein Jahr später einen VW-Motor, der den Wassertank als Antrieb ersetzte. 1955 wurde die Sittlisalp zusätzlich durch eine Telefonleitung erschlossen.

Anfangs der Fünfzigerjahre, zur gleichen Zeit wie die Seilwinde, baute Vater ausserdem eine Brennholzfräse. Seilwinde und Fräse benützten denselben Antrieb, einen Occasionsmotor der Marke Basco, den mein Vater dem *Gäissächämpfä* Mariä aus Spiringen abgekauft hatte. Mariä war mechanisch begabt. Er handelte mit gebrauchten Motoren, die er wieder funktionstüchtig machte. Mit dieser Fräse ging Vater von nun an im Winter und Frühling auf die Stör. Für Brennholz bestand überall ein grosser Bedarf, unter anderem für die Herstellung von Käse. Selbst wenn sie nicht auf der Alp waren, mussten die Bauern einen Grossteil ihrer Milch selber zu Käse verarbeiten, denn hierzulande gab es noch keine Sennerei, wo sie diese hätten hinbringen können.

Ich habe drei Schwestern. Sie sind alle im Butzen auf die Welt gekommen. 1951 wurde Marie-Theres geboren. Zwei Jahre später kam Annemarie und 1956 Margrit. Die Nachzügler Ruth und Franz, die danach geboren wurden, überlebten nicht.

Wie's etwa so geht, haben auch wir Geschwister dann

Die Familie Arnold-Kempf, Klein-Tony mit Pfeife und Holzschuhen

und wann gezankt, aber grundsätzlich kamen wir gut miteinander aus. Wir lebten vor allem mit der Mutter zusammen,
die auch die tägliche Erziehungsarbeit übernahm. Ich könnte
nicht sagen, dass sie einen grossen Druck auf uns ausgeübt hätte. Gewiss, wenn wir wieder einmal einen Blödsinn gemacht
hatten, konnte es schon eine Ohrfeige absetzen. Aber das war
nicht weiter schlimm. Ich habe sie jedenfalls nicht streng in
Erinnerung, absolut nicht. Ich kann mich auch nicht an etwas
Bestimmtes erinnern, das wir nicht machen durften. Selbstverständlich mussten wir alles gerecht untereinander teilen. Meine Schwestern gingen dabei immer minutiös genau ans Werk,
weshalb sie jeweils *schtärnsverruckt* wurden, wenn ich be-
hauptete, mein Stück sei grösser ausgefallen als ihres.

Meine Schwestern blieben auch noch nach der Rückkehr in den Wyler ein paar Jahre bei uns. Marie-Theres und Margrit halfen mir beim Heuen, bis sie eine eigene Familie gründeten, Marie-Theres 1972, Margrit vier Jahre später. Annemarie hatte es am wenigsten eilig. Zuerst alpte sie auf Sittlisalp. Nachdem ihre Schwestern weggezogen waren, ersetzte sie diese beim Heuen. Ende der Siebzigerjahre war sie während zwei Sommer Schafhirtin im Riental bei Göschenen. Die Alp beherbergte tausend Schafe. 1982 heiratete auch sie.

Marie-Theres wohnt seit ihrer Heirat in Altdorf, Annemarie und Margrit liessen sich in Andermatt nieder. Der Ehemann von Margrit, ein Grosskind von Alois, einem Halbbruder von Grossvater *Heirchä* Seppli, arbeitete dort als Festungsangestellter. Inzwischen sind beide wieder nach Unterschächen zurückgekehrt.

Den Butzen hatten wir bis 1958 in Pacht. In diesem Jahr konnte Vater für zwanzigtausend Franken in den Bielen ein Haus kaufen. Es gehörte einem Cousin, dem *Arnet* Toneli Hans, und stand früher im Dorf, wo es als Posthaus diente. Der Cousin hatte es vor ein paar Jahren gekauft, abgebrochen und in den Bielen fast unverändert wieder aufgerichtet. Vater half ihm öfters dabei. 1958 konnte der Toneli Hans sein Vaterheimet im Stocken übernehmen. Darauf kam eines Abends ein Kind mit einem Zettel bei uns vorbei, der *Däädi* solle in den Bielen vorbeischauen. Vater hatte keine Ahnung, um was es ging. Am Morgen nach dem Treffen erzählte er uns dann, er habe gerade ein Haus gekauft.

Am 1. Mai zogen wir um und gaben die Pacht im Butzen auf. Zufällig hatten wir zwei Kühe, weil das Rind kurz davor gekalbert hatte. Die Kühe und Kälber trieben wir auf der Allmend Richtung Brunnital auf die Frühlingsweide. Diese Allmend wird immer noch genutzt, meist mit Rindern und

Schafen und im Sommer ein paar Kühen. Heute bestimmt die Korporation, an welchem Tag man auftreiben darf. Damals konnte man es tun, wann man wollte. Vater gelang es, von der *Hirmiger* Marie ein *Gädäli* zu mieten, doch nach der Alpabfahrt entschloss er sich, ab sofort selber kein Vieh mehr zu überwintern.

In späteren Jahren diente das Haus eine Weile als Alterssitz meiner Eltern. Nach Vaters Tod gelangte es in den Besitz meiner Schwester Margrit. Sie liess es abreissen und durch einen Neubau ersetzen. Seither wohnt sie dort mit ihrem Mann.

Meine ersten Kindheitserinnerungen stammen aus dem Sommer 1950 auf Sittlisalp. Zum Beispiel weiss ich, dass unser Nachbar, der Kari *Hanseler*, im Hinteren Boden die Hütte nebenan gepachtet hatte. Aus der Schwingerzeit seiner Söhne besass er ein recht grosses *Faarglit*. Im *Schtupli* stand ein Bett und darüber war eine Latte befestigt, an der die Glocken und *Triichlä* hingen. Als zweieinhalbjähriger Knirps war ich oft dort und brachte sie zum Läuten. Wir hatten auch einen Knecht, den *Mariseebi*, einen älteren Mann, ich sehe ihn noch gut vor mir. Wenn er zum Znüni kam, wollte er immer ein Tröpfchen Schnaps im Kaffee haben. Wir selber tranken normalerweise keinen, aber ihm konnten wir das nicht verwehren. Nicht dass er getrunken hätte, aber ein Tröpfchen gehörte bei ihm einfach dazu. Wenn ich ihm meine Tasse hinschob, verschloss er die Flasche und tat dann so, als würde er mir damit ebenfalls ein klein wenig einschenken.

Ich kann mich auch gut an den Winter 1954 entsinnen. Wir wohnten damals noch im Butzen. In diesem Jahr schneite es viel. Schneereiche Winter waren seinerzeit recht normal, jedenfalls verglichen mit heute, auch wenn es schon früher den einen oder anderen niederschlagsarmen gab. Sie waren auch gefährlicher als gegenwärtig, denn es gab noch kaum Lawinenverbauungen. Am Nachmittag des 11. Januar in diesem Winter wurde es bei uns auf einmal dunkel wie in der Nacht. Grund dafür war eine Lawine, die sich hinter Urigen im Gebiet Ritzen und Schluecht oberhalb der Klausenstrasse gelöst hatte. Unterwegs unterteilte sie sich in zwei Stränge. Der vordere zog im Erlen und Stig ein Haus und mehrere Ställe in Mitleidenschaft und begrub Tiere unter sich, bis er nahe beim Butzen zum Stillstand kam. Der Sachschaden war erheblich, doch zum Glück kam niemand ums Leben, auch wenn es dafür manchmal eines guten Schutzengels bedurft hatte. Ich erinnere mich jedenfalls, dass mein Vater sofort ins benachbarte Nessli eilte, nachdem er Hilferufe gehört hatte, wo er mithalf, einen Mann und dessen Sohn aus einem zerstörten Stall zu befreien, in dem sie sich gerade befunden hatten. Doch nicht überall lief alles so glimpflich ab. Am selben Tag, praktisch zur gleichen Zeit, ging in Spiringen ebenfalls eine Lawine nieder. Diese demolierte nicht bloss Gebäude, sondern zerstörte auch zwei Menschenleben.

Wir besassen immer einen Kartoffelgarten, schon während der Zeit im Butzen. Er lag auf der Allmend Untere Lauwi, auf halber Strecke zwischen Unterschächen und Brunni. Wenn wir im Frühling mit Kind und Kegel auf die Alp zogen, nahmen wir immer Saatkartoffeln mit und pflanzten unterwegs den Garten an. Danach zogen wir nach Brunni, dort lebte eine Schwester von Vater, *ds Heirchä* Agnesi, die uns zum Znüni einlud, wonach wir auf die Alp weiterzogen. Wir nahmen natürlich nicht so viel mit wie heute, denn wir mussten alles selber buckeln. Auch meine drei Schwestern mussten wir manchmal tragen. Mir hängten sie schon bald ein Rucksäckchen um, sodass ich bereits als Dreikäsehoch ein wenig Plunder mitschleppte. So zogen wir auf die Alp. Dort oben erledigten wir die Vorbereitungsarbeiten, Häge errichten und Schönen, zwei bis drei Wochen, bevor das Vieh kam. Der Tag der Alpfahrt wurde durch

Mehren bestimmt. Ich weiss noch, dass *ds Lotterers* nebenan auch schon vor der Alpzeit mit ihren Geissen oben waren. Das war erlaubt, man musste die Tiere einfach auf die Geissweide treiben.

1952 erwarb Vaters Schwager, der *Chämpfä* Tony, ein Alprecht auf Sittlisalp. Darauf bildeten die beiden während vielen Jahren eine Betriebsgemeinschaft. Zusammen hatten sie um die fünfundzwanzig Kühe. Den Käse machte Vater. Er fing schon früh an, mit Kulturen zu arbeiten, weil sie geeigneter sind, Fehlgärungen zu verhindern. Früher verwendete man nur Lab. Die Kulturen bestellte er in Liebefeld, von wo sie mit der Post nach Unterschächen versandt wurden. Jede Woche kamen dort ein oder zwei Flaschen an, die man dann auf der Alp ins kalte Wasser stellte.

Zwischendurch musste die Heuet im Butzen erledigt werden. Das brauchte seine Zeit. Zwar gab es nicht viel zu mähen, doch man machte ja noch alles von Hand. Auf Sittlisalp gingen wir auch immer wildheuen, um das Vieh bei schlechtem Wetter versorgen zu können. In einem guten Jahr blieben auch ein paar *Pinggel* für die Winterfütterung im Talbetrieb übrig. 1964 schafften wir über dreissig hinunter, die wir dem *Arnet* Toni Peter gaben, der zwei unserer Kühe überwinterte.

Im Butzen „männten" wir viel, für uns und für andere, wir hatten immer ein Rind, dem wir das Ziehen beibrachten. Einmal kam der *Nissä* Michel zu uns, er habe vor dem Mattli Erlen, ob wir sie für ihn „männen" könnten. Vater war nicht da. Ich sagte, „kein Problem, ich mache das", ging in den Stall, legte dem Rind das Joch um und erledigte die Arbeit. Ich hatte ja Zeit, denn ich war noch nicht schulpflichtig.

Auch für meine Onkel vom Schweigacher führte ich solche Aufträge aus. Sie besassen mehr Rinder als wir. Im Winter, wenn sie im Brunnital holzten oder Wildheu von der Alp holten, musste ich jeweils um ein oder zwei Uhr mit der *Män-nänä* in Unterschächen sein. Ich ging ins *Sturniger* Mattli, das sie zur Pacht hatten, legte vier oder fünf Rindern das Joch um und trabte mit ihnen nach Unterschächen. Die Rinder waren es natürlich gewöhnt, sie waren nicht so wild. Aber wenn man das heute von einem so kleinen Kind verlangen würde, würde man wohl wegen Kinderarbeit angeklagt.

Doch es war eine schöne Zeit, ich fände es schade, ich hätte sie nicht erlebt.

Primarschüler

Im Frühling 1955 wurde ich im alten Schulhaus Unterschächen eingeschult. Die ersten drei Klassen mussten während sechs Wochen halbtags die Sommerschule besuchen, die übrigen vier fingen erst Anfang Oktober an. In diesem Monat ging man ebenfalls nur halbtags zur Schule, von November bis zum Schlussexamen Mitte April dann ganztags. Die restlichen Monate waren schulfrei. Die Sommerferien dauerten also sehr lange. Herbst- und Sportferien kannte man noch nicht. Wir hatten schon damals in der Schule die Fünftagewoche. Bei uns waren aber nicht der Mittwoch- und Samstagnachmittag frei, sondern wir blieben den ganzen Donnerstag zuhause. Diese Regelung hatte man auf Wunsch der Eltern eingeführt, damit ihre Kinder nicht an zwei Wochentagen für nur ein paar Stunden von zuoberst aus den Bergen ins Tal hinuntermarschieren mussten.

Die Schüler waren in drei Klassenzimmern untergebracht. Die unteren vier Klassen wurden von zwei Menzinger Lehrschwestern unterrichtet, die erste und zweite Klasse von der einen, die dritte und vierte von der anderen. Die Oberstufe umfasste die fünfte, sechste und siebte Klasse, entsprechend gross war die Schülerzahl. Bei mir betrug sie bis zu zweiundfünfzig. Den Unterricht erteilte Pfarrhelfer Franz Herger. Er war ziemlich streng, aber verständnisvoll und konnte es gut bringen.

Die Schule war nicht unbedingt mein Interessengebiet. Ich vermochte jedoch relativ gut zu folgen, vielleicht sogar zu leicht, denn ich brauchte mich nicht sonderlich anzustrengen. Ganz allgemein muss ich sagen, dass, wer sich unauffällig verhielt, verhältnismässig leicht durchkam. Ich hatte jedenfalls immer recht gute Noten, ausser im Schönschreiben. Da war ich sehr schlecht. An Hausaufgaben kann ich mich nicht erinnern.

Wir lernten schreiben, lesen und rechnen. Das ist schon viel, mit dem kommst du eigentlich durchs Leben. Basteln gab's nicht, das haben wir daheim probiert. Wir hatten auch einen Turnlehrer, aber geturnt haben wir nicht viel, höchstens mal bei schönem Wetter einen kleineren Lauf machen oder uns ein wenig in der Turnhalle des neuen Schulhauses bewegen, das im Herbst 1955 eingeweiht wurde. Am liebsten hatte ich das Kletterseil und die Kletterstange, da konnten mich nur wenige schlagen. Reck oder Sprossenwand hingegen sagten mir weniger zu.

Der Besuch der Schulmesse war eigentlich Pflicht. Aber wenn ich vor der Schule Stallarbeiten zu erledigen hatte, liess ich sie aus, sofern es zeitlich nicht drin lag. Man sah das zwar nicht gern, zeigte sich aber kulant. Die meisten Kinder hielten sich an die Regel, aber gezwungen wurde niemand.

Im Frühling 1958 durfte ich die Erstkommunion empfangen. Wir wohnten noch im Butzen. Am Morgen vor der Feier zog ich die Festkleidung an und marschierte allein nach Unterschächen. Beim Schulhaus reihten wir uns mit unseren Kommunionsgespanen ein und schritten dann in Zweierkolonne zur Kirche hoch. Vermutlich wohnte nur Vater dem Hochamt bei, Mutter blieb zuhause, um zu den Kleinen zu schauen. Genau weiss ich das allerdings nicht mehr. Nach der Feier ging man wieder nachhause, um mit der Familie das Mittagessen einzunehmen, welches Mutter gekocht hatte. Ich könnte mich nicht

Erstkommunion

daran erinnern, dass Götti, Gotte und Grosseltern dabei gewesen wären, wie das heute üblich ist. Ich kann auch mit bestem Willen nicht sagen, wer das Erinnerungsfoto geschossen hat. Vermutlich ist es im Butzen entstanden.

Ende der Fünfziger- oder Anfang der Sechzigerjahre wurde ich von Bischof Vonderach gefirmt, wann genau ist mir entfallen. Onkel Sepp war Firmgötti. Ich hatte ihn selber eines schönen Sonntags gefragt, ohne mich vorher mit den Eltern abzusprechen. Ich musste meinen Götti aber mit Ruedi, dem heutigen Ehemann meiner Schwester Margrit teilen. Er ist zwei Jahre älter als ich, weshalb ich vermute, dass ich damals die vierte Klasse besuchte. Wir waren vier oder fünf Jahrgänge, die gemeinsam gefirmt wurden. Das Mittagessen nahmen wir zwei Firmlinge zusammen mit unserem Götti in den Bielen ein, wo wir jetzt wohnten, das *Zaabig* wurde uns bei Ruedi serviert, der neben dem Wyler oben wohnte.

Während der gesamten Schulzeit steckte in meiner Hosentasche immer ein *Ris* Jasskarten. In der Mittagspause klopfte ich damit gerne mit anderen einen Jass. Den Lehrschwestern allerdings war Jassen ein Dorn im Auge, sie wollten es *um ds Verreckä* nicht tolerieren. Deshalb erhielt ich dafür noch und noch Strafaufgaben aufgebrummt. Schon in der ersten Klasse setzte es Tatzen ab. Aber die Strafen änderten nichts daran, dass wir es immer wieder taten. Es gelang den Schwestern nicht, uns davon abzuhalten, selbst wenn sie drohten, unsere Unbotmässigkeit dem Pfarrhelfer zu melden. Er war so etwas wie der Oberlehrer der Schule.

Ich jedoch verstand nicht, was am Jassen so schlecht sein solle, zumal wir nur in den Pausen spielten, was uns ja schliesslich davon abhielt, Dümmeres anzustellen. Ich fasste mir deshalb einmal in der vierten Klasse ein Herz und wandte

23

mich selber an den Pfarrhelfer. Dieser meinte, grundsätzlich müssten wir schon den Schwestern gehorchen, aber Jassen befürworte er eigentlich, denn es sei eine gute Rechenübung. Er versprach, die Sache mit den beiden Klosterfrauen zu regeln, worauf er wenige Tage später verkündete, Jassen während der Pause sei ab sofort erlaubt. Das gefiel allerdings meiner Lehrschwester nicht. Mehrmals versetzte sie mir hinterrücks einen Tritt, wenn ich mit meinen Kollegen auf dem Boden sitzend spielte. Bis ich ihr einmal beim Vorbeigehen ein Bein stellte. Danach liess sie mich in Ruhe.

Mit zwölf fing ich an, Pfeife zu rauchen. Zuerst tat ich es heimlich. Im Sommer 1960 weilte der *Zilli* Kobi, ein Dienstkollege von Vater und Cousin von Mutter, mit uns zusammen auf Sittlisalp. Er war ledig und Gewohnheitsraucher. Ich hätte es ihm gerne gleichgetan. Eines Tages sagte er deshalb zu meinem Vater, *„dü Heirch*, lass deinen Bub doch rauchen, wenn er nichts Dümmeres macht, wird trotzdem etwas Rechtes aus ihm". Zu mir meinte er, wenn Vater mir keinen Tabak besorge, könne ich immer zu ihm kommen, er habe dann schon eine Pfeife und Rauchware für mich parat.

Seither habe ich nie mehr aufgehört zu rauchen. Auf dem Schulweg hatte ich immer *ä Pfiffäruschtig* in der Tasche und zündete mir auf dem Hin- und Rückweg ein Pfeifchen an. In der Schule war das allerdings verboten. Doch in der Mittagspause, wenn wir im Suppenzimmer nach dem Abwaschen miteinander jassten, fanden wir auf einmal, dabei zu rauchen wäre gar nicht so schlecht. Ich zündete meine Pfeife an, andere einen Stumpen oder eine Zigarette, und wir pafften fröhlich vor uns hin. Irgendwie sickerte das durch. Eines Tages stand unvermutet der Pfarrhelfer in der Tür. Wahrscheinlich erkannte er zuerst niemanden, so dicht war der Rauch. Danach setzte es eine geharnischte Strafpredigt ab und mit Rauchen beim mittäglichen Jass war es fortan definitiv vorbei.

Mit Kuh „Silber" auf Sittlisalp Sommer 1959

Den Sommer verbrachte ich auf der Alp. Es gab noch nicht die Erschliessungen von heute, man musste noch das meiste selber tragen. Seit der ersten Klasse verging gewiss kein Tag, an dem ich nicht die Traggabel am Rücken hatte. Es gab immer etwas zu transportieren, Holz fürs Feuer oder Käse in den Käsegaden. Ich bin jetzt gut siebzig und hatte in meinem ganzen Leben noch nie Rückenweh. Ich weiss nicht, wie mancher Junge das von sich behaupten kann. Das viele Tragen hat meinen Körper gestärkt. Vielleicht bin ich deshalb eher klein geblieben, die Jungen schiessen heute schnell in die Höhe, aber grundsätzlich hat es mir nicht geschadet.

Wie gesagt alpten wir lange mit dem *Chämpfä* Tony zusammen. Im Sommer, wenn es soweit war, gingen Vater und Tony jeweils tagsüber nach unten heuen. Ich hatte die Aufga-

25

be, am Abend das Vieh fürs Melken in den Stall zu treiben und mit melken anzufangen. Einmal ergab es sich, ich war noch Primarschüler, da zog sich das Heueintragen derart lange hin, sodass die beiden erst zurück waren, als ich die vier- oder fünfundzwanzig Kühe bereits gemolken hatte.

In den letzten Schuljahren übernachtete ich im Oktober mehrere Wochen praktisch alleine auf Sittlisalp, weil ich die Schweine hirten musste. Morgens, bevor ich den Schulweg ins Tal hinunter antrat, tränkte ich die Säue, nach der Schule ass ich in den Bielen zu Mittag und stapfte wieder auf die Alp zurück, um meines Amtes zu walten. War ich allein oben, rief ich am Abend auch den Alpsegen.

Im Herbst und Winter war ich, je älter ich wurde, vor und nach der Schule meistens bei einem Bauer mit irgendwelchen Stallarbeiten beschäftigt. In der fünften Klasse arbeitete ich bei meinem Götti, dem *Chämpfä* Peter, am Ribistutz. Jeden Morgen vor und am Abend nach der Schule ging ich bei ihm in den Gaden, weil Peter manchmal auswärts beschäftigt war.

In der sechsten Klasse allerdings blieb ich den Winter über zuhause. Wir hatten im Brunnital zwanzig Kubikmeter Holz erstanden, die zubereitet und aus dem Tal herausgeschafft werden mussten. Nach der Schule nahm ich jeweils den Schlitten, ging hin, rollte einen *Trämel* von der Beige und schlittelte ihn ins Dorf. Solange es nicht aufwärts ging, war der Schlitten leicht zu ziehen. Im Altrütistutz jedoch fiel der Weg steil ab, manchmal war er auch vereist. Doch ich schaffte ihn selbst mit dem schwersten *Trämel*, mir grauste es nie, wohl aber anderen, die mich sahen.

In dieser Jahreszeit musste auch noch etwas Brennholz zubereitet werden. Schattenhalb ging man Erlen fällen und schlittelte sie heim. Dafür brauchte es keine Erlaubnis, der Erlenwald war Scheitwald. Er konnte nicht gross aufkommen, weil er immer wieder von Lawinen niedergedrückt wurde. Diese Arbeit verrichtete ich gewöhnlich nicht allein, sondern zusammen mit Nachbarbuben. Am interessantesten waren die Stellen, wo man das Holz über ein *Gness* hinunterreisten konnte. Wir gingen deshalb oft auf den Kasten, wo wir eigentlich nicht holzen durften, fällten einfach das eine oder andere Bäumchen, wenn nicht gerade eines am Boden lag, und liessen es den Platten hinunterrutschen.

Im letzten Schulwinter war ich ab Dezember bei einem Grossonkel mütterlicherseits im Unteren Erlen Knecht. Der *Eerlä* Wyysi bauerte dort mit ein bis zwei Kühen, ebenso viel Rindern und zwei Kälblein. Gewöhnlich verkaufte er im Winter eine Kuh, gegen Ende 1961 auch eine an *Chämpfä* Peter. Als er sie ihm bringen wollte, scheute sie in Unterschächen vor einem Auto. Sie war sich nicht an solche Fahrzeuge gewöhnt. Dabei sprang sie dem Wyysi hinten aufs Bein und brach es. Im Haushalt meines Grossonkels wohnten noch zwei ledige Schwestern, Anny und Triny. Sie sahen sich aber nicht in der Lage, die paar Tiere selber zu besorgen, dafür brauchten sie jemand anders, weshalb sie mich fragten. Von da an versah ich jeden Morgen und Abend bei ihnen den Stalldienst. Der Weg war nicht weit, der Erlen liegt direkt ob Unterschächen. Gegen den Frühling zu trug ich, teils vor der Schule, teils am Abend, mit einem Korb den ganzen Mist aus. Meist leerte ich ihn nur hin, Triny und Anny besorgten tagsüber das Verzetteln.

Lehr- und Wanderjahre

Nach Beendigung der Primarschule half ich zwischen den Stallarbeiten im Erlen einem Neffen des *Eerlä* Peter, dem *Peterlichaschbi*, für zwei Franken Taglohn den Mist austragen. Ausserdem zäumte ich im Erlen die Viehweide mit einem Schärhag ein. Bei diesem schlägt man in kurzen Abständen kreuzweise zwei Hölzer in den Boden und verbindet sie mit nach unten geneigten Querlatten. Dafür braucht es eine gehörige Menge Holz. Sowas kann man sich heute kaum mehr vorstellen. Eigentlich war es schon damals nicht mehr gebräuchlich, man benützte bereits Sprossendraht, und es gab auch schon die ersten elektrischen Viehhüter. Im Erlen jedoch kannte man das noch nicht.

Nachdem sich der *Eerlä* Wyysi vom Unfall erholt hatte, kam ich zu meinem Onkel *Chämpfä* Wyysi in den Schweigacher. Bei ihm blieb ich den ganzen Frühling und die ersten zwei Winter nach der Primarschule und absolvierte gewissermassen in einem Aufwasch die landwirtschaftliche und hauswirtschaftliche Schule. Mein Onkel war ledig. Normalerweise waren wir allein, am Wochenende kam manchmal noch Tony, der andere ledige Onkel. Ich war der Koch. Das Problem war eigentlich nicht das Kochen, sondern das Essen, denn meine Kochkünste waren bescheiden. Aber wir haben überlebt. Jedenfalls wurde immer alles gegessen. Ich weiss noch, dass ich sogar Küchlein backte.

Manchmal gingen der Onkel und ich da oder dort jassen. So gelangte ich in viele Häuser im Berggebiet von Spiringen und Unterschächen. Ich war immer der Jüngste. Heute ist es umgekehrt, ich bin gewöhnlich der Älteste. Auf diese Weise habe ich eine Menge Leute kennengelernt, während andere in meinem Alter viel weniger Kontakt hatten. Beispielsweise kannte ich alle Gemeindepräsidenten von Unterschächen und Spiringen der letzten neunzig Jahre persönlich.

In den Sechzigerjahren entstanden auf Sittlisalp die ersten Alpverbesserungsprojekte, die genossenschaftlich durchgeführt wurden. Auslöser war der Umstand, dass mehrere Älpler sich gleichzeitig gezwungen sahen, ihre Hütten zu sanieren. Der damalige Kantonsoberförster Max Oechslin regte jedoch an, zuvor ein generelles Alpverbesserungsprojekt aufzugleisen. Dieses erstreckte sich über rund zwei Jahrzehnte und umfasste eine Reihe von Massnahmen im Bereich Wasserversorgung, Erschliessung durch Fahrwege, den Bau eines Gemeinschaftsstalls im Oberstafel und am Schluss die Einrichtung einer genossenschaftlichen Alpkäserei, die erste dieser Art in Uri.

In diesem Rahmen begann man Mitte des Jahrzehnts, einen Fahrweg in den Oberstafel zu bauen. Ich war vom ersten Tag an mit von der Partie. Martin Baumann, der Bauunternehmer, hatte einen leichten Trax, in Teile zerlegt, mit der Seilbahn auf die Alp transportieren lassen. Meine Aufgabe war, mit dem Benzinbohrhammer Löcher in die Steine zu bohren, die für den Trax zu gross waren, und sie zu sprengen. Ich war also sozusagen Sprengmeister. Die Arbeit zog sich bis in den Oktober hinein. Wir blieben oben und logierten mit zwei oder drei Älplern, die tageweise halfen, in unserer Hütte. Ich amtete wieder als Koch.

Während eines Abendessens fragte Martin Baumann, ob es nicht denkbar wäre, den Trax vor dem Einwintern fahrend ins Brunnital zu schaffen, er wolle ihn runternehmen, es sei ein praktischer Trax, er könne ihn im Winter gut für kleinere Aushübe gebrauchen. Im nächsten Jahr würde er dann einen schwereren auf Sittlisalp einsetzen. Am anderen Morgen sahen wir uns den Weg bis zum Brunniport an, um abzuklären, wo wir durchfahren würden und wie viel Aufwand es bräuchte, um die Strecke fahrgängig zu machen. Als wir zurück waren, stand das Projekt. Wir begannen sofort ohne Bewilligung mit dem Ausbau des Weges. Martin fuhr mit dem Trax voraus, ich hinterher mit Transporter, Borhammer und „Habegger". Manchmal mussten wir einen Stein sprengen oder den „Habegger" an einem Baumstrunk festmachen, um Hindernisse zu entfernen. Innert einer Woche schafften wir es bis nach Brunni hinunter. Danach galt es noch, das eine oder andere Stück auszubessern. Im nächsten Jahr fuhren wir mit einem schwereren Trax nach oben.

Eines Sonntags im Oktober 1964 kamen die Frau und die Tochter eines Glarners in die Bielen. Sie suchten einen Knecht für den Winter. Ich sagte zu. Am Sonntag darauf holte man mich ab. So fuhr ich zum ersten Mal über den Klausen. Obwohl ich bereits sechzehn war, hatte ich keine Ahnung, wie er und der Urnerboden aussahen. Im Winter war der Pass ja geschlossen und im Frühling, Sommer und Herbst waren wir auf das Brunnital und die Sittlisalp ausgerichtet.

So kam ich ins Glarnerland. Der Chef war noch eine Woche zuhause, danach musste er ins Spital, um seine Hüfte operieren zu lassen. Er zeigte mir, was ich machen müsse, er besass verschiedene Parzellen, „da musst du grasen, dort Mist anlegen", usw. Der Betrieb umfasste dreizehn Kühe und sieben Rinder, die in zwei Ställen untergebracht waren, die beide recht weit vom Haus weg lagen. Am Morgen und Abend musste ich die Kühe melken. Die Milch brachte eine Tochter in die Molkerei. Wenn viel Schnee lag, musste ich ihr ein Stück weit helfen, die Strässchen wurden nicht geräumt. Wir stapften dann oft mit dem Hornschlitten durch hohen Schnee. Weil die Tochter in der Lehre war, hatte die Milch morgens normalerweise um halb sieben parat zu sein. Lag viel Schnee, sodass der Transport länger dauerte, war ich stattdessen gezwungen, schon um sechs Uhr fertig zu sein. Daher war für mich immer frühmorgens Tagwache. Vom 20. Oktober bis Ende Juni bin ich stets vor vier Uhr aufgestanden. Den Tag über richtete ich in beiden Ställen das Futter und hirtete. Selbstverständlich melkte ich alle Kühe von Hand, man kannte noch nichts anderes.

Die Chefin führte im Dorf eine kleine Wirtschaft, die von Bauern besucht wurde. Hier verbrachte die Familie abends die Freizeit. So hatte ich Kontakt mit verschiedenen Leuten. Ich war kaum vierzehn Tage dort, da sprach mich ein Gast an: „Tony, im nächsten Sommer kommst du mit mir auf die Alp. Ich habe so um die fünfzig Kühe, wir sind zu zweit, um sie zu melken, ich und der Kuhhirt. Du wärest der Kuhhirt. Im Normalfall hilft noch der Rinderhirt beim Melken, aber wenn der Weg für ihn zu weit ist, müssen wir es zu zweit schaffen." Er brauchte jemand, der melken konnte, und weil er wusste, dass ich dreizehn Kühe betreute, nahm er an, dass das auf mich zutraf. Ich antwortete aber, „nein, im Sommer muss ich auf die Sittlisalp". Vom Betrieb her wäre es eigentlich gegangen, ich arbeitete ja vor allem mit dem Unternehmer an der Strasse und beim Bau des Gemeinschaftsstalls im Oberstafel. Daheim half ich allenfalls am Morgen und Abend aus. Es wäre also gegangen, man hätte mich entbehren können.

Der Bauer bot mir damals im Herbst zweihundertzwanzig Franken Wochenlohn an, rund neunhundert im Monat, ein Lohn, von dem ich nur träumen konnte. In der Winterstelle hatte ich achtzig Franken die Woche und meinte, ich hätte einen guten, was auch stimmte. Acht Tage vor der Alpfahrt hatte er noch niemand gefunden. Deshalb sprach er mich nochmals an, „komm mit mir, ich gib dir mehr als zweihundertzwanzig Franken". Ich wäre problemlos auf einen Tausender Monatslohn gekommen. Für mich war das aber kein Thema. Später habe ich mir Vorwürfe gemacht, ich hätte diese Chance packen sollen, nicht so sehr wegen des Lohns, als um einmal an einem anderen Ort zu alpen und etwas anderes zu sehen. Leider habe ich sie vertan.

Im Winter 1965 kam ich ins Zürichbiet nach Rifferswil. Anfangs November packte ich zuhause meinen Plunder in den Rucksack und in eine Schachtel, die ich auf den Gepäckträger band, und fuhr mit dem Velo dorthin. Eine Woche später verunglückte Onkel Sepp tödlich. Er hatte mit einem Kollegen eine Motorsäge angeschafft, um im Winter zu holzen. Eine Tages waren sie zu Dritt *uf dr Fruttän'änä* beschäftigt. Bevor sie am Abend zusammenpackten, beschlossen sie, noch einen dürr gewordenen Baum zu fällen. Die anderen schauten Sepp zu, wie er den Baum mit einem Jauchzer zu Fall brachte. Dabei löste sich der Dolden und fiel ihm direkt auf den Kopf. Die Kameraden schafften den Verletzten ins Tal und organisierten den Transport ins Spital, wo er zwei Tage später verstarb.

Nachdem ich die Todesnachricht erhalten hatte, fuhr ich sofort mit dem Fahrrad nach Hause an die Beerdigung. Eigentlich war nun die Meinung, ich solle hier weitermachen. Ich sagte aber, ich hätte zwar Interesse, wolle aber zuerst alles geregelt sehen. Deshalb verkaufte man das Vieh und verpachtete das Land zwei Jahre lang. Ich wollte zuerst auch noch die landwirtschaftliche Schule machen, schon deshalb hätte ich nicht da sein können.

Mein Vater litt schon länger unter schweren Hüftproblemen, er hätte es den Winter über nicht alleine geschafft. Ich erinnere mich beispielsweise, wie er jeweils grosse Schmerzen hatte, wenn er im Herbst auf Sittlisalp den Käse vom Hinteren Boden zur Seilbahn hinuntertragen musste. So anderthalb Tonnen gab es da schon zu buckeln. Auch im Winter auf dem Bau musste er manchmal aussetzen. Nach seinem Dafürhalten hatte er sich das Leiden im Aktivdienst zugezogen, wo er oft stunden- und tagelang irgendwo mit gefrorenem Schuhwerk Wache schieben musste. Ob das stimmt, weiss ich nicht, es gibt ja viele Menschen, die unter ähnlichen Problemen leiden, ohne die Schuld aufs Militär schieben zu können.

Die Stelle im Zürichbiet war etwas speziell, aber es war eine schöne Zeit. Der Bauer war mehr Ackerbauer als Viehzüchter. Seine Liegenschaft umfasste fünfundzwanzig Hektaren, die er mit einem Bruder bewirtschaftete. Dieser war inzwischen gestorben. Da mein Chef das Geld nicht zusammenbrachte, um der Witwe ihren Anteil abzukaufen, blieb ihm schlussendlich nichts anders übrig, als den Hof an einen Industriellen zu veräussern. In Weisslingen im Zürcher Oberland fand er einen kleineren Ersatz. Im Lauf des Winters zügelten wir das eine oder andere dorthin, von Rifferswil über den Albis und durch die Stadt Zürich. Eines Morgens nach dem Viehbesorgen erhielt ich den Auftrag, mit dem Traktor nach Weisslingen zu fahren. Den Weg kannte ich einigermassen, Ich war schon einmal mit dem Chef dort gewesen. Gottseidank brauchte ich die Stadt Zürich nur zu durchfahren, sonst wäre ich wohl etwas überfordert gewesen.

Im Frühling 1966 zogen wir dann endgültig nach Weisslingen. Zum Hof gehörte ein grösserer Wald, in dem wir oft schon von Rifferswil aus Holz schlagen gingen. Das bedeutete in jede Richtung eine gute Stunde Autofahrt. Am Morgen nach dem Viehbesorgen fuhren wir hin. Wir waren zwei Knechte, welche siebenundzwanzig Kühe und etwas Jungvieh besorgten. Das Melken erledigten wir jetzt maschinell. Bis wir danach im Wald angelangt waren, war es bereits zehn oder elf Uhr, und um vier mussten wir wieder zurück. Eine Weile lang gingen wir beide holzen, doch wir fanden das bald ein wenig blöd. Deshalb schlug ich meinem Kollegen vor, „geh mit dem Chef, ich kümmere mich ums Vieh". Danach war ich hauptsächlich fürs Vieh zuständig.

Ich hatte einen guten Meister, er liess mich im Stall machen, ohne drein zu funken. Am Abend ging er oft ein Bier trinken und jassen. Einmal sagte ich ihm, er solle auf dem Rückweg im Stall nachschauen, eine Kuh sei kurz vor dem Kalbern. Um halbzwölf ging ich selber hin und sah, dass die Geburt bereits eingesetzt hatte. Deshalb blieb ich bei ihr. Der Chef kam ein wenig später mit dem Auto heim und bemerkte Licht im Stall. Wahrscheinlich dachte er, das wird der Tony sein, und ging schlafen.

Die Familie hatte auch einen Schreiner namens Fred Jaggi aus dem Haslital angestellt, um in Weisslingen am Haus ein zusätzliches Zimmer anzubauen. Ich durfte ihm helfen. Die Chemie zwischen uns stimmte. 1968 traf ich ihn an einem Schreinerkurs in der Heimatwerkschule Richterswil wieder, wo er als Kursleiter angestellt war. Am ersten Tag kam er zu mir an die Werkbank und fragte mich, ob ich ihm schnell bei etwas behilflich sein könne. Wir gingen nach draussen, wo wir uns auf die Stiege setzten und zusammen eine Pfeife rauchten. Das war der wahre Grund, weshalb er mich angesprochen hatte. Er war ebenfalls leidenschaftlicher Pfeifenraucher und hatte sich gedacht, ich würde sicher gerne mal eine anzünden.

Mit ihm hatte ich danach häufig Kontakt. So fertigte er für uns viele Jahre später die Inschrift am jetzigen Haus und die gestemmte Arvendecke in der Stube an. Er war ein tüchtiger Schreiner. Weil er in jungen Jahren einen schweren Töffunfall erlitten hatte, war er ein wenig gehbehindert. Er war viele

Jahre Gemeindepräsident von Gadmen. Einmal kandidierte er sogar für den Nationalrat. Ich sagte ihm, „wenn du gewählt wirst, tauche ich in Gadmen auf". Diese Feier hätte ich nie und nimmer verpasst. Er hingegen verpasste die Wahl.

Landwirtschaftliche Ausbildung

Nach Abschluss der Primarschule hatte ich die Schulpflicht noch nicht ganz erfüllt. Während den vier folgenden Wintern mussten alle Schulabgänger, die nicht irgendeine Lehre machten, sechzig Stunden pro Jahr im Dorf die landwirtschaftliche Fortbildung besuchen, selbst wenn sie nicht bäuerlich tätig waren. In Unterschächen erteilten der Pfarrer und der Pfarrhelfer den Unterricht. Der Pfarrhelfer war für Rechnen und Schreiben zuständig, der Pfarrer mehr für die agrarischen Fächer, Dünger, Fütterung, usw. Man merkte allerdings, dass er nicht aus der Praxis schöpfte. Manchmal erzählte er Sachen, wo ich mir sagen musste, so stimmt das nicht.

Da ich die ersten zwei Winter im Schweigacher beschäftigt war, war ich verpflichtet teilzunehmen. Man konnte zwischen dem Tages- und Abendkurs wählen. Ich entschied mich für letzteren, nicht unbedingt, weil ich am Tag unabkömmlich war, sondern, weil es dann am Abend länger Ausgang gab. Die folgenden zwei Winter war ich auswärts in Glarus und im Zürichbiet angestellt. Grundsätzlich wäre ich weiterhin fortbildungsschulpflichtig gewesen, doch kein Hahn krähte mehr danach, dass ich nicht mehr mitmachte.

Für mich war immer klar, ich werde einmal Bauer. Ich hatte nie an etwas anderes gedacht. Deshalb trat ich im Herbst 1966 in die Bauernschule in Seedorf ein. Dass ein angehender Landwirt diese besuchte, war damals im Schächental noch nicht üblich. Ich kenne nur wenige in meiner Generation, die das gemacht haben. Ich jedoch hatte mir schon lange vorgenommen, mich dort anzumelden, selbst als ich noch nicht wusste, dass ich mit Vater den Wyler übernehmen werde. Vor Onkel Sepps unerwarteten Tod musste ich damit rechnen, dass er im Normalfall noch viele Jahre selber den Hof bewirtschaften würde, denn er war ja noch jung, erst siebenundvierzig, als er verunfallte. Dank der landwirtschaftlichen Schule, als gelernter Bauer, rechnete ich mir hingegen bessere Chancen aus, einmal einen Betrieb zu kaufen oder eine gute Pacht oder zumindest eine finanziell und beruflich interessante landwirtschaftliche Anstellung zu finden.

Die Ausbildung dauerte zwei Jahre, jeweils während den Wintermonaten, von November bis März. Die meisten Absolventen wohnten im Internat, weil für sie der Schulweg zu weit gewesen wäre. Wir waren, glaub ich, siebenundzwanzig Kursteilnehmer. Zwanzig davon logierten im Internat, darunter auch welche aus Unterwalden, Luzern und Schwyz. Am Samstagabend durften wir jeweils für eine Nacht nach Hause gehen. Die Verantwortlichen achteten jedoch streng darauf, dass wir am Sonntagabend wieder rechtzeitig zurückkamen.

Dank dieser Wochenendregelung wurde ich persönlich mit dem schweren Lawinenunglück konfrontiert, das sich in der Nacht auf Samstag den 27. Januar 1968 in der Nähe des Wylers ereignete.

Schon in den zwei Wintern davor hatten im hinteren Schächental vereinzelte Lawinengänge erhebliche Schäden angerichtet. Im Januar 1968 fiel erneut ausserordentlich viel Schnee. Infolgedessen löste sich in besagter Nacht unterhalb der Schächentaler Windgällen die gefürchtete Glattenlehn-Lawine. Gewaltige Schneemassen donnerten über Obheg, Uhli und Egg ins Tal. Ihre zerstörerische Wucht brachte zahlreiche

Gebäude zum Einsturz. Vor allem aber blies sie das Lebenslicht von vier Nachbarn im Holzerbergli und Unterbächi aus. Als ich am späten Samstagnachmittag im Wagen eines „Blick"-Reporters nachhause fuhr (ich hatte Autostopp gemacht), erblickten wir kurz vor Unterschächen im Mühlital, unmittelbar oberhalb der Klausenstrasse, die untersten Ausläufer der Lawine. Am Sonntag nach der Messe hörte ich im Dorf, man suche Helfer für das Holzerbergli. Ich schloss mich einer Gruppe von Freiwilligen an, um die noch übriggebliebenen Reste des Heustocks aus dem zerstörten Stall in die benachbarte Lehmatt zu schaffen und damit wenigstens einen Teil der sommerlichen Ernte zu retten. Wir mussten allerdings zuerst einen Graben durch den hohen Schnee freischaufeln.

Der Unterricht in der Bauernschule war sehr interessant. Als Hauptlehrer amtete Josef Brücker, das Internat leitete der Kapuziner-Pater Ansgar Müller, der ausserdem ein paar Stunden Deutsch-Unterricht und Lebenskunde erteilte. Das Kursangebot war sehr breit gefächert. So hatten wir Fachlehrer für Rechtsfragen, Baumpflege und Obstbau, Schweinehaltung, Rechnen und Buchhaltung, und jemanden vom Meliorationsamt. Andere leiteten Praktiken, etwa in Ausschlachten, Schreinerei, Unterhalt von landwirtschaftlichen Maschinen, veterinärärztlicher Tierpflege, Klauenschneiden oder Baukunde. Praktiken und Wahlfächer nahmen meist nur wenige Stunden oder Tage in Anspruch.

Es gab auch Vortragsübungen. Im ersten Jahr bearbeitete ich das Thema Korporation Uri, im zweiten die Haltung von Geissen. Die anderen Kursteilnehmer versuchten jeweils, den Vortragenden mit Fragen in Verlegenheit zu bringen, um zu prüfen, wie sattelfest er thematisch war. Um sie sicher beantworten zu können, formulierte ich zum Voraus einige knifflige Fragen und verteilte sie an willige Kollegen, sodass ich bei den anderen den Anschein erweckte, ich würde mich wirklich gut auskennen.

Gewisse Unterrichtseinheiten sagten mir weniger zu, beispielsweise Baumschneiden, andere wie Klauenpflege dagegen umso mehr. Betriebsbuchhaltung interessierte mich zwar nicht sonderlich, doch ich sah schon damals ein, dass es etwas vom Wichtigsten war. Viehzucht war ganz klar mein Lieblingsthema. Dabei kam ich zum ersten Mal näher mit der Vererbungslehre in Berührung und lernte, worauf man beim Züchten besonders achten sollte, etwa die funktionellen Merkmale des Tieres wie Körperbau, Fundament und Euter, das Vermeiden von Inzucht und die gute Abstammung. Futterbau dagegen streiften wir nur nebenbei, rein theoretisch, wir gingen ja im Winter zur Schule.

In der Freizeit stand uns die schuleigene Schreinerei zur Verfügung, um Gegenstände für den Eigengebrauch herzustellen. Ich benutzte diese Möglichkeit, um ein *Gäntärli*, eine *Schtabällä* und eine mit Schnitzereien verzierte Holztruhe anzufertigen. Überdies schnitzte ich Rosenkränze und fabrizierte Heugarne, von denen ich einige verkaufte und so mein bescheidenes Sackgeld aufbesserte. Auch später tischlerte ich während den Wintermonaten das eine oder andere Möbel. Leider verlor ich die meisten davon beim verheerenden Hausbrand 1999.

Nach Beendigung der Ausbildung erhielten wir Noten, aber keinen richtigen Fachausweis. Es gab auch eigentlich kein Examen, nur einen Abschluss mit Notenverteilung. Den Fachausweis holte ich später nach. 1971 informierte uns die Bauernschule via Ehemaligenverein, man könne in Pfäffikon (SZ) die landwirtschaftliche Berufsprüfung ablegen. Diese dauerte sechs Tage, drei für die Prüfung und jeweils einen für die Vorbereitung. Ich meldete mich zusammen mit vier anderen Urnern an. Wir fünf waren die ersten aus dem Kanton, welche an der Prüfung teilnahmen und den Fachausweis erhielten.

1983-84 belegte ich in Giswil einen Betriebsleiterkurs. Das Jahr darauf bestand ich erfolgreich die Meisterprüfung. Vermutlich war ich einer der ganz Wenigen, die sie ablegen durften, ohne je eine Lehrabschlussprüfung gemacht zu haben. Danach nahm ich selber während rund siebenundzwanzig Jahren Lehrabschlussprüfungen ab.

Mitte März 1968 schloss ich die Bauernschule ab. Während der letzten Zeit in der Schule machten wir eine Exkursion nach Nidwalden zu einem Vieh- und Schweinezüchter, der einen Haufen Schweine hatte. Im Saustall, der mich eigentlich wenig interessierte, kam ich mit ihm ins Gespräch. So erfuhr ich, dass er für einen Hof im Luzerner Seetal jemanden suche, der dort drei bis vier Wochen Aushilfe machen könnte. Der Bauer müsse am Osterdienstag ins Spital, um den Bruch operieren zu lassen. Sowas passte haargenau in meine Planung. Deshalb begleitete ich ihn ins Haus zum Telefonieren. Ich hatte nämlich bemerkt, dass er noch ein paar hübsche Töchter hatte. Wir gingen also hinein, er rief an, dann reichte er mir das Telefon, wir machten ab, am Osterdienstag fange ich an.

Ich konnte nicht schon am Montag kommen, weil wir an diesem Tag den Schlussabend der Bauernschule hatten, an dem ich unbedingt teilnehmen wollte. Am Dienstagmorgen packte ich das Velo und fuhr Richtung Seetal, die Adresse wusste ich, auch, dass der Bauer vierzehn Kühe hatte, mehr nicht. Ich hatte keine Ahnung, ob jemand da sein werde, mir war bewusst, wenn ich komme, ist der Bauer bereits weg. Ich dachte aber, es geht schon, und so war es auch. Auf dem Hof lebte eine Familie mit kleinen Kindern und einem älteren Bruder, der ein wenig mithalf. Ich besorgte das Vieh, die Milch brachte gewöhnlich er in die Molkerei, Traktorfahren interessierte mich wenig. Tagsüber gingen wir zusammen viel in den

Wald, wo Sturmholz lag, das wir ausrüsteten.
Mir gefiel es *chäibä güät*.

Zurück im Wyler

Nach den vier Wochen im Seetal setzte ich mich wieder aufs Velo Richtung Schächental. Tags darauf fuhr ich mit dem Aebi-Transporter der Sittlisalper Alpgenossenschaft von den Bielen in den Wyler, mit der Grossmutter auf dem Beifahrersitz, und übernahm hier mit meinem Vater zusammen den Betrieb. Das war vor etwas mehr als fünfzig Jahren. Seither habe ich immer im Wyler gelebt.

So haben wir also hier gewirtschaftet. Wir machten die Frühlingsarbeit und bereiteten Holz zu. Im Sommer war ich fürs Heuen zuständig, während Vater auf der Alp war. Im Winter ging ich manchmal bei Müller+Baumann auf den Bau.

Vater und ich harmonierten gut. Offiziell gehörte der Betrieb ihm, doch im Prinzip war ich der Leiter. Er gewährte mir praktisch freie Hand, liess mich machen, vor allem was das Vieh anbelangte. Als wir im Herbst ein hochträchtiges Rind zum Kauf anerboten erhielten, sagte er nur, „geh du schauen, du kannst das schon, eines könnten wir sicher brauchen". Er selbst musste sich gegen Jahresende an der Hüfte operieren lassen und einige Zeit in Zurzach kuren.

1971 startete der Braunviehverband einen Einkreuzungsversuch mit Brown-Swiss (BS). Ich sagte zu Vater, „ich glaube, wir sollten da einsteigen, dabei kann ja nichts kaputt geben". Unsere Kühe waren soweit recht, aber es war kein richtiger Zuchtbestand. Vater gab sofort seine Einwilligung.

Deshalb hatten wir die ersten BS-Kälber im Kanton Uri. Anfangs war das gut für den Verkauf, weil noch wenige BS-Tiere im Handel waren.

Aber mit der Zeit merkte ich, dass das nicht das richtige Rindvieh für unseren Betrieb war. Die BS-Kuh ist ein Hochleistungstier, sie ist grösser und schwerer als unsere angestammten Kühe und anspruchsvoller in der Ernährung. Gewiss versprach sie eine höhere Milchleistung, doch mit der Futtergrundlage unseres Bergbetriebs war es fast ein Ding der Unmöglichkeit, dieses Potential voll auszuschöpfen, ohne einen Haufen Futter zuzukaufen. Daher fand ich, dass wir für unsere Verhältnisse ein etwas einfacheres Tier brauchten, das besser zu den hiesigen Voraussetzungen passte. Aus diesem Grund kaufte ich 1981 wieder ein Original-Braunvieh (OB)-Kalb. Von ihm stammt die ganze Herde ab, die wir jetzt im Stall haben.

Solange ich ledig war, machte ich zwei Mal im Theater Unterschächen mit. Es war eine strenge Zeit. Es gab viele Proben am Abend, ich musste mich jeweils beeilen, rechtzeitig hinzukommen. Beim nach Hause gehen hatte ich es dann weniger eilig. Manchmal wurde es sehr spät, vor allem nach den Aufführungen war es normal, einen *Durgäändä* zu machen. Das morgendliche Melken hatte es dann in sich. Mir fielen dabei oft die Deckel zu. Bei den ersten vier oder fünf Kühen ging es problemlos, danach hängte es langsam an.

1987 feierten Pfarrei und Gemeinde Unterschächen das dreihundertjährige Jubiläum ihres Bestehens. Zu diesem Anlass wurde ein Festspiel einstudiert, an dem ich noch einmal mitmachte. Ausserdem durfte ich als Statist in verschiedenen Werbe- und Spielfilmen mitwirken, etwa im „Sennentuntschi" oder demnächst in „Ein Stück Himmel". Überdies kann man mich im NZZ Format Dokumentarfilm „Meckerer, die man liebt: Ziegen" sehen.

Eine andere Ausgleichstätigkeit, der ich schon als Jugendlicher frönte, war die Bergsteigerei. Ich darf behaupten, alle umliegenden Gipfel mindestens einmal bestiegen zu haben. Mein Hausberg war der Spitzen. Ich bin auch mehrere Male die Ruchen-Nordwand hochgeklettert. Das ist nicht allzu schwer, normalerweise braucht man sich erst gegen ganz oben hin anzuseilen, wo es ein steiles Schneefeld zu durchqueren gilt. Solche Bergtouren unternahm ich natürlich nicht allein, sondern in Begleitung von zwei oder drei Kollegen. Für schwierigere Touren wären wir zu wenig gut ausgerüstet gewesen. Richtiges Klettern hätte mich schon gereizt, aber ich konnte mir die Ausrüstung nicht leisten und hätte dafür auch nicht die nötige Freizeit gehabt.

Sicher ging ich dann und wann auch in den Ausgang, um das Tanzbein zu schwingen. Ich war aber nie ein angefressener Tänzer und bestimmt kein *Priisbeedäler*.

Leider wurde die Rückkehr in den Wyler schon bald von einem schweren Unglück überschattet. Nur anderthalb Jahre danach, am 9. Oktober 1969, brannte der Stall unterhalb des Hauses ab. Auf dem Wyler standen zu dieser Zeit vier Ställe: derjenige unter dem Haus, ein zweiter weiter oben unterhalb der Getschwilergasse und zwei in Richtung Spiringen. So viele Ställe auf einer vergleichsweise kleinen Liegenhaft waren nichts Besonderes. Man trug ja noch alles Heu auf dem Buckel ein und war deshalb bestrebt, die Distanzen so kurz wie möglich zu halten. Auch das Austragen von Mist war einfacher. Die drei Aussenställe bestehen heute nicht mehr, weil sie mit der Zeit wirtschaftlich keinen Sinn mehr machten. Die Kosten für Strom, Versicherung und Unterhalt standen in keinem Verhältnis mehr zum Nutzen der Gebäude, obwohl es eigentlich gute Ställe gewesen wären. Der letzte der drei wurde vor ein paar Jahren abgerissen. Heute konzentriert sich der ganze Betrieb auf einen einzigen, nämlich jenen, dessen Vorgänger abgebrannt ist.

Ein Stück weit waren wir am Stallbrand selber schuld. Die Eltern hatten vorgesehen, zwei Alpschweine zu schlachten. Zu diesem Zweck feuerte Mutter am Vorabend im Troghaus den Waschhafen an, um Wasser zu erhitzen. Es war ein trockener Herbst. Der Waschhafen hatte ein Rohr für den Rauchabzug. Der Stall war mit einem Schindeldach bedeckt, über das ich Blechplatten geschraubt hatte. Irgendwie muss ein Funke vom Rauchabzug in den Hohlraum zwischen Schindeln und Blech gelangt sein. Etwa um halb neun schaute Mutter zum Fenster raus und sah, dass es rauchte. Vater war im oberen Stall mit Anschroten beschäftigt. Glücklicherweise befand sich das Vieh dort.

Mutter schlug sofort Alarm. Telefon hatten wir noch keines. Ein Nachbarmädchen rannte nach Urigen, wo sich das nächste befand, und alarmierte die Feuerwehr. Zwei, drei Nachbarn eilten herbei. Das Wasser mussten sie mit Kübeln im nahen Bächlein holen. Mit Schlauch und Druckwasser wäre das Feuer leicht zu löschen gewesen. Zuerst versuchten die Helfer, das Blech vom Dach zu reissen, was nicht leicht war, denn es war gut angeschraubt. So hatten die Flammen Zeit, um sich zu greifen. Bis die Feuerwehr da war, dauerte es eine Weile. Im Mühlebach saugten sie Wasser für die Motorspritze an, doch bis die Leitung gelegt war, war der Stall nicht mehr zu retten. Es gab nur noch eins: das Haus schützen. Bis die Feuerwehr kam füllte man Wasser in Kessel, stieg damit in den oberen Stock und schüttete es über die Wand hinunter, um sie abzukühlen. Die Hitze war riesig. Ein Grossteil der Fensterscheiben zerbarst.

Ich war zu der Zeit grad im Militär. Sobald ich vom Brand erfuhr, durfte ich heim. Als ich hier ankam, schluckte ich zuerst ein paarmal leer. Den ganzen Sommer über hatten wir in Schwerarbeit eine Menge Heu eingetragen, nun war alles vernichtet. Doch wir waren entschlossen, den Stall wieder aufzubauen. Wir brauchten nicht alles selber zu bezahlen, denn das abgebrannte Gebäude war versichert gewesen, wenn auch schlecht. Den Aushub machten wir von Hand, es gab noch kein Zufahrtsträsschen für Maschinen, nur ein Transportseil bis zur Klausenstrasse hinunter, das wir extra für den Stallbau einrichteten. Nachdem das Fundament betoniert war, wollte Vater noch die Seilbahn hochziehen und während dem Seilen die Stangenwaage versorgen, die neben der Seilwinde aufgehängt war. Bei diesem Manöver geriet er mit einem Bein in die Winde. Es gelang ihm zwar, diese abzustellen, doch er musste mit einem mehrfachen Beinbruch ins Spital gebracht werden. Mir blieb nichts anderes übrig, als in Alleinregie das Vieh zu besorgen und nebenbei den Gaden wieder aufzubauen.

Das alles musste ich nun organisieren. Ich war gut zwanzig und mit derartigen Aufgaben wenig vertraut. Abends ging ich oft bei Paul ob der Kapelle telefonieren, der inzwischen einen Telefonanschluss besass, um Material zu bestellen und Hilfe für den kommenden Tag zu organisieren. Vater war am Unfalltag noch beim *Simmiger* gewesen. Wir hatten mit ihm abgemacht, dass er die Zimmerarbeit übernimmt. Sonst arbeiteten wir nur mit Taglöhnern und Nachbarschaftshilfe. Doch der *Simmiger* teilte ihm mit, er sei nur noch bereit, das Holz zu sägen, die Zimmerei könne er nicht mehr machen. Er habe in der Zwischenzeit den Zuschlag für einen Bau im Butzen erhalten, für den er eingegeben hatte. Noch am selben Abend ging ich zum *Chlemänzä* Kari. Ich hatte ihn schon einmal angefragt, er hatte aber abgelehnt, er müsse in der Breiten einen Stall bauen. Inzwischen wusste ich, dass er nicht in diesem Jahr gebaut würde. Ich erklärte Kari meine Notlage, in etwa sechs Wochen sollte bereits das erste Heu eingetragen werden. Er war deshalb bereit, das Abbinden und Aufrichten zu übernehmen. Wir erledigten das miteinander. Beim Aufrichten wurde es ein langer Arbeitstag. So um vier frühmorgens melkte ich im oberen Stall die Kühe, als ich unten bereits klopfen hörte. Am Abend um halb elf, es war Mondschein, nagelten wir die letzten Raven an.

Den Rest haben wir dann wieder alleine gemacht. Ich war praktisch Tag und Nacht dran. Einmal war ich mit meiner Schwester Annemarie spät abends im Obergaden beschäftigt, als mir nach Mitternacht die Nägel ausgingen. Meine Schwester anerbot sich, welche zu holen. Ich hockte mich hin, und als sie zurückkam, schlief ich steif und fest, sie hatte die grösste Mühe, mich zu wecken.

Im Sommer hatte ich keine Zeit mehr fürs Bauen, ich musste heuen, und Tagelöhner waren keine zu finden. An einem Schlechtwettertag blieb ich den ganzen Tag im Bett und genoss es, nichts zu tun. Ich hatte ganz eindeutig Nachholbedarf in Sachen Ausruhen. Im Herbst war dann der Innenausbau dran. Vater musste noch einmal ins Spital zur Nachbehandlung, weshalb die Arbeit an mir hängen blieb. Ich schaute nie einen Plan an, ich hätte ihn sowieso nicht lesen können.

Der Stall ist heute noch fast so wie damals, wir haben nur einmal etwas drangebaut. So schlecht ist er also nicht geraten. Zudem war er auch grösser als sein Vorgänger. Der Brand hatte also auch etwas Gutes gehabt. Der Neubau half mit, den Betrieb zu modernisieren. Am 12. Dezember 1970 trieben wir das Vieh rein und hirteten es zum ersten Mal hier. Das Futter gelangte direkt vom Tenn in den *Baarnä*. Früher hatte man hinten im Stall eine *Rischi*, von wo das Heu von Hand verteilt werden musste.

Das sind so Sachen, die einem in Erinnerung bleiben. Es war eine strenge Zeit, aber auch eine schöne. Im Grunde genommen habe ich nur schöne Zeiten erlebt. Vielleicht habe ich die anderen vergessen, aber das ist ja egal. Ich hatte es eigentlich immer schön, wir hatten genug Arbeit und niemand nahm sie uns weg.

Wirtschaften als Bergbauer

Wir besassen also den Wyler und die Alpung. Doch mit der Zeit hätten wir damit nicht überleben können. Ein Grundproblem war das Land. Der Wyler war kein Riesenheimet. Er war zu gross für einen Nebenerwerb, zu viel zum Sterben, aber eigentlich auch zu wenig zum Leben. Der Betrieb war nur rund viereinhalb Hektaren gross und reichte für die Überwinterung von acht Kühen, sofern man im Frühling vier davon bei anderen Bauern ins Gras gab, um im Sommer mehr Heu und Emd ernten zu können. Ansonsten hätte man Heu zukaufen müssen. Um ohne „Viehverstellen" oder Heuzukauf über die Runden zu kommen, brauchte es mindestens die doppelte landwirtschaftliche Nutzfläche.

Daher hielten wir ständig Ausschau nach Pachtland. Anfangs der Siebzigerjahre konnten wir in Schattdorf drei Jahre lang eine Liegenschaft mieten. Zuerst waren wir mit den Kühen dort, danach nur noch mit den Rindern. Darauf bot uns ein lediger Bauer in Steinen (SZ) mehrere Jahre eine Frühlingsweide an. Es war minderwertiges Wiesland, das er nicht gerne heuen wollte. Die Kühe transportierten wir auf Lastwagen hin und her. Mein Vater blieb vor Ort, um das Vieh zu besorgen und die Milch in die Sennerei zu liefern.

In der Folgezeit fanden wir mal da, mal dort die eine oder andere Liegenschaft, in Erstfeld, Attinghausen, Spiringen. In Amsteg konnte ich mir einmal drei Hektaren topfebenes Land zum Heuen sichern. Aber ich hatte nie eine solche Hetze wie damals. Ich dachte nämlich, ich könne die ganze Fläche in einem Zug erledigen, kam dabei aber den ganzen Tag über nicht aus dem Rennen heraus und fand nicht einmal Zeit, mich zum Essen hinzusetzen. Ich begnügte mich, das in den Mund zu stopfen, was ich im Hosensack fand.

Später konnte ich in Witerschwanden von einem Cousin den Schachen und die Hofstatt in Pacht nehmen. Es war schönes, leicht zu bearbeitendes Land. Im ersten Jahr hirteten wir das Heu noch unten, doch wir fanden das tägliche Hin und Her zu aufwändig. Deshalb entschlossen wir uns, das Heu in den Wyler zu transportieren, was aber ebenfalls mit langen Transportwegen verbunden war. Ich habe ausgerechnet, dass ich einmal an einem einzigen Tag dreihundertsechzig Kilometer zurücklegte, um Mist mit dem Mistzetter vom Wyler nach Witerschwanden zu schaffen, fünfzehn Mal zwölf Kilometer hin und zwölf zurück.

Unterdessen haben wir diese Pacht aufgegeben, weil wir in der unmittelbaren Umgebung des Wylers einen guten Ersatz dafür gefunden haben.

In den Siebziger- und bis in die Achtzigerjahre hinein fuhr ich ausserdem viele Sommer mit einem Kollegen und später mit meiner ganzen Familie ins Urserental, wo wir in Hospental und Andermatt rund zehn Hektaren Ländereien zum Heuen angeboten erhalten hatten. Die meiste Zeit logierten wir, Wind und Wetter ausgesetzt, im Freien. Das war an sich recht romantisch, ausser dass wir eines Nachts von einem heftigen Gewitter überrascht wurden und in den nächsten Stall fliehen mussten. Das Heu transportierten wir im Herbst und Winter mit Lastwagen nach Urigen und luden es dort auf den Transporter oder Hornschlitten. Die Getschwilergasse war noch relativ schmal, man konnte nicht zwei Ballen nebeneinander laden, nur eine quer und eine längs. Das war echt mühsam.

Ab 1993 pachtete ich dann während gut zwanzig Jahren im Erstfeldertal ein drei Hektaren grosses Stück Wiesland zum Heuen, nachdem ich erfahren hatte, dass es dafür Flächenbeiträge geben würde. Das war noch nicht allgemein bekannt, ich verfügte da über einen kleinen Wissensvorsprung. Das Land war zwar nicht sehr ertragreich und relativ *schträngwärchig*, aber einfach zu erreichen. Anfangs mähte ich noch alles von Hand, nachher schaffte ich einen leichten Bergmäher an. Zusammenrechen mussten wir das Heu dann manuell. In den ersten Jahren lagerten wir es für ein paar Monate auf Tristen und in einem nahen Stall, von wo wir es im Herbst und Winter mit Seil und Schlitten ins Tal und von dort ins Schächental transportierten. Später flogen wir es mit dem Helikopter in den Bodenberg und schafften es von da umgehend in den Wyler. Solche Flüge sind natürlich nicht gratis, doch dank ihnen ersparten wir uns viel Zeit und Arbeit.

Ja, so hat man dann eigentlich doch einen rechten Viehbestand überwintern können, weil man so viel Heu zuführte. Das Problem, das auf längere Sicht entstand, war, dass sich dabei ein Haufen Mist ansammelte. Mit der Zeit wusste man nicht mehr recht wohin damit. Deshalb liefen wir langfristig Gefahr, unsere Wiesen zu überdüngen. Wir hätten den Mist ja nicht einfach beispielsweise nach Urseren zurückbringen können, wo wir Heuland gepachtet hatten. Vom Futterbaulichen her hat man da sicher nicht das Ideale gemacht. Heute haben wir einen viel besseren Pflanzenbestand als damals, mein Junior ist in dieser Sparte wohl auch ein wenig stärker als ich es je war.

Wir versuchten auch ständig, im Betrieb etwas zu verbessern.

Anfangs besassen wir mit andern zusammen eine Jauchepumpe, die wir auf einer Schlittenrolle mühsam mit der Seilwinde von einem Hof zum anderen den Hang hochziehen mussten. Sie war auch sonst kompliziert zu handhaben. Deshalb schaffte ich mir eine eigene an. Das erste Heu trug ich noch auf dem Buckel in den Stall, danach legten wir uns einen Schilter zu. Als ich ihn zum ersten Mal mit Heu belud, überstellte es das Fuder. Nach Anschaffung des Fahrzeuges bauten wir im Stall einen Zangenaufzug ein. 1979 kauften wir einen schwereren Transporter, sechs Jahre später ein Ladegerät. Ladewagen und Zangenaufzug passten nicht mehr zusammen, weshalb wir ein Heugebläse einrichteten. Eine Heubelüftung besassen wir schon länger. Schon recht früh besassen wir auch einen Kran für den Mist und einen leichten Traktor, so dass wir den Mist nicht mehr von Hand aufladen und auf dem Rücken aufs Land transportieren mussten.

Mechanisierung, Unterhalt des Maschinenparks, Reparaturen und Pachtverträge kosteten natürlich Geld. Dazu kamen die laufenden Betriebsausgaben für Strom, Benzin und Werkzeuge. Manchmal mussten wir auch ein wenig Kurzfutter zukaufen. Weitere Ausgabeposten waren die Amortisation von Schulden auf Gebäuden und Investitionskredite des Bundes, die über einen Zeitraum von fünfzehn bis zwanzig Jahren zurückbezahlt werden mussten.

Einer der Fixkosten war die Viehversicherung. Diese war in Uri schon seit langem obligatorisch, sogar früher als in den meisten anderen Kantonen. Die Versicherung war genossenschaftlich organisiert. Jede Gemeinde besass eine Viehversicherungskasse, die je nach Geschäftsverlauf die Höhe der Prämien festlegte. Der Bauer musste allerdings nicht allein dafür aufkommen, denn für jedes versicherte Tier zahlte der Kanton einen Zuschuss von sieben Franken fünfzig. Dennoch: auch wenn die Prämien nicht sonderlich hoch ausfielen, mussten wir einiges für sie aufwenden. Jeden Frühling und Herbst wurden die Tiere geschätzt. Verloren wir eines durch Krankheit oder

Unfall, belief sich die Entschädigung auf achtzig, bei Verlust durch Steinschlag, Lawinen und Feuer auf neunzig Prozent des Schätzwertes. Selbstverständlich haben wir dann und wann davon profitiert. Wenn einem einmal eine Kuh *vertroolet* ist, war man froh um den Schadenersatz. Persönlich denke ich allerdings, dass sich Aufwand und Ertrag ziemlich die Waage hielten. Hätte ich das Prämiengeld auf die Seite legen können, hätte die ersparte Summe wahrscheinlich genügt, um den erlitten Schaden zu decken.

Im Gegensatz zur Viehversicherung war die Gebäudeversicherung bis 2002 freiwillig. Uri gehörte da zu den Schlusslichtern. Wir hatten denn auch nur eine kleine Anzahl Bauten versichert. Die Aussenställe und Alpgebäude gehörten nicht dazu. Im Jahr 2002 entschied der Kanton, dass fortan jedes Gebäude versichert werden musste, auch Seilbahnhütten, Speicher, Alpställe, usw. Ich selber besass siebzehn solcher Objekte. Für mich machte es keinen Sinn, sie alle zu versichern, weshalb ich gegen das Obligatorium war. Die Prämienzahlung belief sich auf rund zweitausendfünfhundert Franken. Das war mit ein Grund, weshalb wir in unserem Betrieb anfingen, jedes Gebäude, das mehr kostete als nutzte, abzureissen.

Zualleroberst auf der Einnahmenseite stand die Vermarktung von Milch und Käse. Als mein Vater und ich den Wyler übernahmen, gab es bereits die Möglichkeit, wenn man nicht auf der Alp war, die Milch in eine Sennhütte zu liefern und dafür Milchgeld zu erhalten. Ausserhalb der Alpzeit käste jetzt niemand mehr. Wenn kein Schnee lag, schafften wir die Milchkannen zur Getschwilerkapelle hoch und transportierten sie mit dem Auto nach Urigen, wo sie abgeholt und nach Witerschwanden gefahren wurden. Dort hatte der Kurmann eine Molkerei eingerichtet. Im Winter schlittelten wir sie den Hang zur Klausenstrasse hinunter, von wo sie in die Sennerei gelangten. Nachdem wir das Transportseil eingerichtet hatten, entfiel auch in der schneefreien Zeit der Umweg über Urigen. Mehrere Nachbarn brachten ihre Milch ebenfalls zu uns, um sie zur Strasse abzuseilen.

Der Milchverkauf war jahrelang eine gute, sichere Einnahmequelle. Der Preis war staatlich festgelegt, rund ein Franken pro Liter. Zur besten Zeit erhielt der Produzent sogar einen Franken und sieben Rappen. Doch gegen Ende der Siebzigerjahre geriet der Sennereibetrieb von Kurmann in Schwierigkeiten. Die Zahlungen kamen ins Stocken, manchmal erhielt man sie nur mit Mühe und musste mehrere Monate auf sie warten. Deshalb stellte ich schliesslich die Lieferung ein und begann, mit der Milch Kälber zu mästen. Die Umstellung wurde durch staatliche Zuschüsse erleichtert. Wenn man pro Kuh zwei Kälber mästete, erhielt man einen Beitrag in der Grössenordnung von tausend Franken. Mit andern Worten, wenn man acht Kühe hatte und sechzehn Kälber mästete, erhielt man achttausend Franken ausbezahlt.

Die Milch und im Sommer der Käse und die Kälbermast bildeten lange die grundlegende Ertragsbasis. Sicher, wir erhielten bereits ein wenig Betriebsbeiträge, doch diese fielen kaum ins Gewicht. Anfangs waren das vielleicht tausend Franken, die genaue Zahl habe ich nicht mehr im Kopf. Natürlich verkauften wir auch von Zeit zu Zeit eine Kuh, weil wir kontinuierlich Jungvieh aufzogen.

Auf der Alp hatten wir zudem immer sieben bis acht Schweine, die wir im Herbst in den Wyler zurückholten, wo wir sie ausmästeten und dann auf dem Hof schlachteten. Das Fleisch verkauften wir direkt an Kunden. Manche erstanden eine halbe Sau, andere wollten etwas weniger. Manchmal schlachteten wir auch eine Kuh oder eine Ziege, allerdings nicht jedes Jahr, und verkauften einen Teil davon. Für das

Schlachten heuerten wir Störmetzger an. Der *Haberer* aus der Riedmatt war auf Kühe spezialisiert. Das eine oder andere Mal hatten wir auch den *Bänziger* Franz, der aber nur Schweine metzgete. Hatten wir selber einmal keine Schlachtkuh, kauften wir vielleicht einem Nachbarn eine halbe ab, der dann im folgenden Jahr uns eine halbe abnahm. So organisierten wir uns gegenseitig.

Heute sind Hofschlachtungen immer noch gestattet, doch man darf das Fleisch nicht mehr verkaufen.

Die Kälbermast behielten wir viele Jahre bei. Inzwischen war die Milchkontingentierung eingeführt worden. Weil wir lange keine Milch mehr abgeliefert hatten, besassen wir zu Beginn hier im Wyler kein Kontingent. Deshalb musste ich erst Kontingente zukaufen, bis ich wieder etwas Milch abliefern durfte. Erst gegen die Jahrhundertwende zu konnte ich wieder Milch auf die Sammelstelle bringen, von wo sie nach Luzern transportiert wurde. Nachdem die Kontingentierung auf der Alp aufgehoben worden war, konnten wir dann dieses Kontingent auf den Wyler übertragen und entsprechend mehr Milch verkaufen. Der Milchpreis war allerdings nicht mehr wie früher. Ich schätze, dass er, als wir wieder mit den Milchlieferungen anfingen, bereits auf siebzig Rappen pro Liter gesunken war.

Immer mehr ins Gewicht fielen dagegen die Subventionen, die wir vom Bund erhielten. Anfangs profitierten wir hauptsächlich vom staatlich festgelegten Milchpreis. Darüber hinaus erhielten wir Beiträge für Tierhaltung, schon zum Zeitpunkt, als wir den Wyler übernahmen. Auf die Dauer brachten uns diese recht viel Geld ein, so um die tausend Franken pro überwinterte Grossvieheinheit. Man erhielt sie für alles Vieh, Kühe, Rinder, Ziegen. Die Beiträge waren allerdings auf fünfzehn Grossvieheinheiten beschränkt. Sie waren noch kaum an Vorschriften gebunden. Ich kann mich jedenfalls an keine speziellen erinnern. Es gab auch Beiträge für Bauten. Als wir nach dem Brand den Stall neu bauen mussten, erhielten wir von Bund und Kanton rund fünfzig Prozent der Kosten erstattet. Zwar nur für die Stallung, für den Obergaden gab es nichts. Wenn unser Betrieb gross genug gewesen wäre, hätten wir auch dafür etwas bekommen, denn die Beiträge waren auf die Betriebsgrösse abgestimmt. Bis Mitte der Siebzigerjahre konnte man ausserdem Subventionen für das Anschaffen von Maschinen beantragen. Das tat ich für den Motormäher und den ersten Transporter. Danach wurden sie abgeschafft. Als ich 1979 einen grösseren Transporter kaufte, gab es keine mehr.

Natürlich wurden uns manchmal Vorschriften gemacht, beispielsweise im Bereich Tierschutz oder betreffend Ausmass der Bauten. Darunter waren auch welche, von denen man fand, sie wären eigentlich nicht nötig. Doch grundsätzlich muss ich sagen, die meisten waren einigermassen vernünftig. Man konnte sie einhalten. Jedenfalls brauchten wir derentwegen nie grosse Anpassungen vorzunehmen.

1993 wurden die sogenannten Flächenbeiträge eingeführt. Mit ihnen hat es angefangen, richtig einzuschenken. Die Staatszuschüsse machen heute ohne weiteres fünfzig Prozent oder mehr der Einnahmen aus. Reich sind wir trotzdem nie geworden. Aber wir hatten immer genug zum Leben.

Familienvater auf dem eigenen Hof

Agnes und Balz Christen-Flühler mit ihren sechs Kindern. Meine zukünftige Frau Rosa sitzt vorne links aussen.

1975 lernte ich meine Frau Rosa Christen kennen. Sie stammt aus Nidwalden, ist acht Jahre jünger als ich und in Büren auf einem kleinen Bauernhof aufgewachsen, den ihr Vater erworben hatte. Sie war also an stotziges Land gewöhnt und ist, wie sie sagt, schon von Kindsbeinen an eine „angefressene" Bäuerin gewesen. Sie hat vier Schwestern und einen Bruder. Zuerst

Unser Hochzeitsfoto

kannte ich eine Schwester von ihr, die mit meinen Schwestern
die Bergheimatschule in Gurtnellen besuchte. An irgendeinem

Landjugendanlass war auch Rosi dabei. So sah ich sie zum ersten Mal. Es dauerte allerdings eine Weile, bis es zwischen uns funkte.

An Weihnachten 1976 feierten wir Verlobung und am Samstag 21. Mai 1977 gaben wir uns in der Getschwilerkapelle das Jawort. Die Zeremonie leitete Isidor Truttmann, der Pfarrer von Isenthal. Ich kannte ihn von meinem Engagement bei der Landjugend Uri her, zu deren Gründungsmitgliedern ich gehört hatte und die ich damals präsidierte. Pfarrer Truttmann war kantonaler Bauernseelsorger. Unser Hochzeitstag war ein sonniger Tag, so wie die meisten danach, wenn wir eine Taufe oder sonst irgendetwas feierten. Rechte Leute haben halt auch rechtes Wetter! Gefestet wurde im Gasthaus Urigen. Am Sonntag fuhren wir in die Göscheneralp, *Gitzi* markieren, weil ich Zuchtbuchführer war. Das war unsere Hochzeitsreise.

Unser Ehebund war mit zehn Kindern gesegnet, sechs Mädchen und vier Buben. 1978 kam Monika auf die Welt, 1979 Balz, 1981 Luzia, 1982 Irene, 1983 Maya, 1986 Rita, 1987 Berta, 1989 Heiri, 1991 Kobi und schliesslich 1994 Franz.

Klar, wir führten einen grossen Haushalt. Ich fand es aber gar nicht schwierig, so viele Kinder zu haben. In einer grossen Familie ist manches ein Stück weit einfacher, als wenn nur eins oder zwei da sind. Die Älteren schauen zu den Jüngeren, die Jüngeren lernen von den Älteren. Natürlich machten sie manchmal auch Blödsinn. Aber grosse Schwierigkeiten hatten wir mit keinem, weder schulisch noch sonst wie, etwa wegen Alkohol, Drogen oder gesundheitlich, sieht man einmal von zwei Unfällen ab, die unsere älteste Tochter und unseren jüngsten Sohn betrafen. Monika musste als Kind einmal ins Spital, sie hatte sich beim Skifahren am Rückenwirbel verletzt, erholte sich aber rasch. Ich selber kann nicht Skifahren. Zwar erhielten wir in der Schule vom Vorunterricht Bretter geliehen,

Familienfoto 2007. Vorne von links nach rechts: Berta, Kobi, Monika und Heiri.
Hinten: Maya, Balz, Franz, Mutter Rosi, Vater Anton, Rita, Luzia und Irene.

aber ich habe es nie weiter gebracht, als damit ein bisschen den Hang runter zu rutschen. Franz seinerseits erlitt mal als junger Käserlehrling einen schweren Verkehrsunfall. An einem Herbsttag war er mit dem Transporter unterwegs nach Unterschächen, als er abrupt einem ihm in rasender Fahrt entgegenkommenden Auto ausweichen musste. Dadurch geriet sein Gefährt über den Strassenrand hinaus und überstellte sich. Franz wurde mit Rückenverletzungen, einem Beckenriss und Rippenbrüchen für mehrere Wochen ins Spital eingeliefert, doch gottseidank trug er keinen bleibenden Schaden davon.

Der Zusammenhalt unter den Geschwistern war immer gut. Schon als Kleine gab es nie Probleme, wenn alle beisammen waren. Hatten sie einmal miteinander *Chritz*, war das bald wieder vergessen. Jetzt haben sie eine WhatsApp-Gruppe. So wissen sie immer, was bei den anderen läuft. Ich selber habe kein WhatsApp, das brauche ich nicht.

Was die Lebenshaltungskosten anbelangt, war es so, dass wir, mal von den Schuhen abgesehen, kaum Geld für Kleider ausgaben. Meine Frau nähte viel und wir erhielten immer wieder welche von anderen, noch und noch. Wurden sie den einen zu klein, trugen sie die anderen nach. Am Tisch beim Essen kam es nicht darauf an, ob das eine oder andere mehr da war. Als Bergler erhielten wir auch etwas höhere Familien- und Ausbildungszulagen. Das hatte der Bund in den Fünfzigerjahren beschlossen, um der Landflucht unter der Bergbevölkerung entgegenzuwirken. Bei zehn Kindern kam da eine ganz schöne Summe zusammen. Krankenkasse mussten wir auch nur für die ersten drei zahlen, die anderen danach waren gratis. Irgendwo in einer Studie habe ich gelesen, ein Kind koste über die Jahre hinweg zusammengezählt rund eine Million Franken. Bei meinen war es für alle zusammen nicht so viel.

Meine Söhne und Töchter gingen schon früh in den Ausgang. Am Anfang musste ich sie manchmal hinfahren, bis sie dann ihren eigenen Chauffeur gefunden hatten. Ich sagte ihnen aber immer, „wenn ihr merkt, dass der Fahrer nicht mehr ganz nüchtern ist, dürft ihr nicht einsteigen. Ihr könnte mich zu jeder Tages- und Nachtzeit anrufen, wo immer ihr seid, ich komme euch holen". Doch ich musste nie ausrücken.

Natürlich lernten sie, sobald sie das vorgeschriebene Alter erreicht hatten, Autofahren. Nach und nach legten sie sich dann ein eigenes Fahrzeug zu.

Nach der Heirat übernahm ich auch rechtlich den Betrieb.

Nebst der fälligen Restrückzahlung von zehntausend Franken Investitionskredit war er noch mit gut zehntausend Franken Kapitalien belastet. Diese Schulden musste ich übernehmen. Ansonsten erhielt ich die ganze Unternehmung samt Inventar unentgeltlich. Ich hatte aber davor während neun Jahren für meine Arbeitsleistung auch nie einen Lohn erhalten.

Für die Regelung der Betriebsübergabe beauftragten wir Notar Alex Christen. Ich kannte ihn von der Bauernschule her, wo er uns in Rechtslehre unterrichtet hatte. Den Vertrag brachte er persönlich zur Unterzeichnung im Wyler vorbei. Danach setzten wir uns für einen guten *Zaabig* an den Tisch. Anschliessend fragte ich ihn nach seiner Honorarforderung. Da meinte er, darauf verzichte er gern, er sei schon lange pensioniert, während ich das Geld sicher gut gebrauchen könne. Was rückblickend auch stimmte, denn nach Begleichung der Hochzeitskosten lagen nur noch knapp tausend Franken auf meinem Sparkonto.

Nachdem ich den Betrieb übernommen hatte, zügelten die Eltern in ihr Haus in den Bielen hinunter. In den ersten Jahren ging Vater noch auf die Alp, das behielt er bei. 1985 brach er sich im Vorsommer das Bein. Da musste Rosi für ihn auf der Alp einspringen, obwohl sie mit unserer fünften Tochter schwanger und vorher noch nie auf der Alp gewesen war. Wir hatten natürlich auch Angestellte, beispielsweise Mägde, zum Teil sehr gute, zum Teil weniger gute. 1988 hatten wir eine Deutsche. Sie brachte einen Buben mit, der mit anderen Kindern sehr rau umging. Mehrere Male zerrte er während dem Melken unsere gut einjährige Tochter Berta aus der Kiste. Wir sahen dann, so geht das nicht mit dem Bub und dem Mädchen, deshalb nahmen wir Berta nach Hause, wo sich Luzia um sie kümmerte, obwohl sie selber erst siebenjährig war.

Nach dem Unfall entschied mein Vater, mit dem Älpler

sein sei es für ihn nun definitiv vorbei, er möge nicht mehr. So haben wir eben auch diesen Teil des Betriebs übernommen. Ab da war immer meine Frau mit ein paar Kindern auf Sittlisalp. Wenigstens brauchten wir nicht mehr zu käsen, abgesehen von der Ziegenmilch und einem Rest Kuhmilch. Die Kuhmilch konnten wir eigentlich in die Gemeinschaftskäserei liefern, doch da wir entweder zu gute Kühe oder ein zu kleines Kontingent besassen, blieb meist etwas davon übrig, das wir selber verarbeiteten.

Schon nach wenigen Jahren waren wir in der Lage, alles ohne Angestellte zu schaffen. Die Kinder wurden älter, sie haben von früh auf gelernt zu arbeiten und es auch immer gerne getan. Monika, unsere älteste Tochter, war erst vier, als sie die Alpauffahrt mitmachte. Ich selber musste danach heimgehen, um zu heuen. Monika beschloss, noch ein paar Tage zu bleiben. Als ich bald darauf mit den Schweinen hochkam, wollte sie immer noch nicht zurück. Schliesslich verbrachte sie den ganzen Sommer mit Vater auf der Alp. Mit der Magd kam sie gut aus. Diese war Baslerin. eine tüchtige Arbeitskraft, sie hatte aber von Vieh keine Ahnung. Monika dagegen kannte alle Tiere und half ihr, sie einzutreiben. Als unsere Tochter im Herbst zurückkam, hatte sie eine Mähne wie ein ausgewetterter *Hirtibütsch*.

Vater und Mutters Altersidylle in den Bielen war leider von kurzer Dauer. Kaum hatten sich die beiden dort niedergelassen, machten sich bei Mutter gesundheitliche Probleme bemerkbar. Zuerst erkrankte sie an Brustkrebs. Am Montag 1. August 1977 musste sie zur Operation ins Spital.

Das Datum ist mir auch deswegen in Erinnerung geblieben, weil es mit dem verheerenden Unwetter verbunden ist, das Ende Juli den Kanton Uri heimsuchte. Das Schächental war ganz besonders betroffen. Ausserordentlich heftige und lange

Niederschläge hatten den Schächen und die Reuss in Wildbäche verwandelt und über die Ufer treten lassen. Ich weilte gerade auf Sittlisalp, was ich an Wochenenden oft tat. Sicher, auch dort regnete es ununterbrochen, doch ansonsten hatten wir vorerst keine Ahnung vom Ernst der Lage. Erst als es am 1. August aufklarte, konnte ich das Ausmass der Schäden erahnen. Mutter musste mit dem Helikopter ins Spital geflogen werden, weil man nur zu Fuss von Unterschächen nach Bürglen gelangte. Die Strasse war an mehreren Stellen unterbrochen. Vor allem im vorderen Teil des Tales waren zahlreiche Rüfen niedergegangen. Der Wyler war allerdings verschont geblieben.

Schon bald nach der Operation diagnostizierten die Ärzte bei Mutter Metastasen in den Knochen. Deshalb musste sie sich oft monatelang in Spitalpflege begeben. Die Aufenthalte bei ihrem Mann, ihren Kindern oder ihren Geschwistern wurden immer seltener. Vater wohnte nun wieder häufiger bei uns im Wyler. Nach vier Jahren, die sie minder oder mehr im Spital zugebrachte hatte, starb Mutter 1981. Sie war noch nicht einmal sechzig.

Nach dem Tod seiner Frau lebte Vater eine Zeitlang bei uns. Im Winter werkte er ein bisschen auf dem Hof, im Sommer ging er auf die Alp, bis er, wie erwähnt, fand, es gehe nicht mehr. Danach entschied er sich, wieder in die Bielen hinunterzuziehen. Dann und wann besuchte er uns auf Sittlisalp oder kam in den Wyler, um ein wenig beim Heuen Hand anzulegen. Doch seine gesundheitlichen Probleme nahmen immer mehr zu. Er litt beispielsweise an Zucker und hatte offene Beine. Auch das Augenlicht nahm ständig ab, nachdem er lange Zeit ohne Lesebrille ausgekommen war. Geistig war er aber immer noch recht fit. Die letzten Monate seines Lebens verbrachte er im Altersheim Gosmergarten in Bürglen, wo er im Jahr 2000 einer Gehirnblutung erlag. Er war einundachtzig.

Ein neues Haus ...
und dann noch eines

Zwei Jahr nach der Heirat beschlossen wir, auf dem Platz des alten Hauses ein neues zu bauen. Zuerst dachten wir, vom alten noch etwas stehen zu lassen, aber dessen Bausubstanz erwies sich als so schlecht, dass für uns bald klar war, wir brechen es ab. Nur, wo sollten wir während der Bauzeit wohnen, wie die Arbeiter verpflegen? Wir hatten bereits zwei Kinder, die wir bei den Schwiegereltern in Nidwalden unterbrachten. Doch wo würden Rosi und ich logieren?

Statt eine Baracke zu bauen, kam mir in den Sinn, das alte Haus ein wenig zu verschieben. Wir entfernten alles bis auf den ersten Stock, sägten das Hinterhaus mit der Motorsäge ab, fuhren mit der Stockwinde unten rein, hoben das Haus an, schoben Rundholz darunter, sicherten das Gebäude mit dem „Habegger" nach hinten ab und rollten es innert zwei Tagen langsam dreißig Meter seitwärts. Dann setzten wir den Giebel und das Ziegeldach wieder auf, wobei wir letzteres ein wenig gegen den Hang zu verlängerten, damit wir dort einen Holzschopf einrichten und das Werkzeug deponieren konnten. Den Kochherd und die Waschmaschine brachten wir in der Stube unter. Den alten Gültsteinofen rissen wir raus, weil er am Zerfallen war. Der Kombiherd reichte, um den Raum einigermassen zu heizen.

Das Gebäude war nicht ganz im Lot, doch das störte nicht weiter. Beim Essen standen die Teller und Gläser halt ein wenig schief auf dem Tisch. An der Hauswand im Gang hing ein Telefon. Ich hatte selber ein Kabel von der Freileitungsstange her gezogen. Das Telefon funktionierte bestens.

Der Hausbau nahm den ganzen Winter in Anspruch. Betonkies, Zement und kleinere Waren transportierten wir zum grossen Teil mit der Seilbahn nach oben. Das Holz schaffte ich mit dem Transporter auf den Bauplatz. Ich hatte extra einen schwereren samt Anhänger angeschafft. Die längsten Bäume massen elf Meter. Da die Kurve oben in die Getschwilergasse hinein zu wenig weit ausholte, musste ich bei der Kapelle drehen und rückwärts runterfahren. Im Dezember waren wir soweit, dass wir auf den letzten Drücker hin das Dach aufsetzen konnten. Den Eternit hatte ich mit dem Transporter herbeigeschafft und für den Stichtag ein paar Leute angeheuert, die ihn auf dem Dach fixierten. Wir trugen die Platten zu zweit *voräwäg* nach oben, die Dachdecker brauchten nur die Latten anzubringen und den Eternit darauf zu befestigen. Am Abend war das Dach fertig. Inzwischen hatte es angefangen zu schneien, sodass wir davon absahen, das Firstblech zu montieren. Es wäre zu riskant gewesen.

Diese Arbeit erledigten wir zu einem späteren Zeitpunkt. Als erstes bauten wir danach die Holzheizung samt Radiatoren ein, gefolgt von den Fenstern. So konnten wir *gäbig* den Winter über schön an der Wärme den Innenausbau vorantreiben. Beim Täfern musste der Heizungsspezialist die Radiatoren noch einmal abmontieren, damit wir die Täfelbretter dahinter anbringen konnten.

Das Haus hätte gut und gerne zwei Generationen beherbergen können. Im oberen Stock hatten wir die nötigen Anschlüsse für eine Küche vorgesehen, jedoch keinen separaten Eingang. Deshalb war es kein richtiges Zweifamilienhaus. Aber es genügte für unsere Bedürfnisse.

*Blick auf den Wyler mit
dem ersten neuen Haus*

Leider war das Glück nicht von Dauer. Am 20. März 1999, es
war ein Samstag, kam ich am Abend vom Tessin nach Hause,
wo ich eine Geissenschau gerichtet hatte. Ich ging noch rasch
in den Stall, wo ich feststellte, dass eine Kuh bald kalbern würde. Deshalb nahm ich mir vor, um halb eins nochmals nach-
zuschauen. Um zwölf Uhr kamen die Kinder aus dem oberen
Stock gerannt, es brenne. Wir waren dort dran, ein Zimmer
für Heiri auszubauen. Er schlief in ihm auf einer Matratze, die
er auf den Boden gelegt hatte. Weil ein Arm darüber hinaus
reichte, bemerkte er das Feuer, das von einer elektrischen Leitung ausgelöst worden war, die durch den Boden führte. Später

fanden wir heraus, dass Mäuse sie angeknabbert hatten, was einen Kurzschluss verursachte.

Ich ging sofort nach oben, um im Hinterhaus den Feuerlöscher zu holen, doch es brannte bereits lichterloh. Es gelang mir noch, den Feuerlöscher zu verspritzen, das nützt aber nichts mehr. Darauf rannte ich nach unten, wo eines der Kinder bereits am Telefon die Feuerwehr alarmierte. Über eine Leiter und die Terrasse stieg ich nochmals in die Stube ein, zerrte ein paar Fotoalben aus dem Büffet und ein paar Andenken von der Wand. Ich wollte auch ins Hinterhaus, wo ich eine Anzahl Treichel untergebracht hatte. Doch das war nicht mehr möglich, alles stand schon voll unter Feuer. Ich schloss deshalb die Tür, riss ein paar Kleider aus dem Schrank und warf sie nach draussen.

Die ersten von der Feuerwehr waren bereits angekommen. Um Mitternacht hatten wir Alarm geschlagen. Die Frau, welche die Meldung entgegennahm, rief sofort im Restaurant in Unterschächen an, wo ihr Mann mit mehreren Mitgliedern der Feuerwehr an einer Versammlung teilnahm. Durch diesen glücklichen Zufall waren sie rasch zur Stelle. Schon um halb eins hatten sie eine Leitung vom Bach her gelegt. Die Motorspritze hatten sie vom Baldrig hertragen müssen.

Wir hatten Bedenken wegen dem Stall, vermochten aber zu verhindern, dass er in Mitleidenschaft gezogen wurde. Als ich ihn betrat, war die Kuh grad am Kalbern. Ich fasste das Kalb an den Beinen, zerrte es raus und schulterte es. Danach brachten wir das ganze Vieh fort, einen Teil zum Nachbarn, den anderen in den oberen Stall.

In dieser Nacht waren fünf Kinder zuhause. Die vier älteren Mädchen waren irgendwo im Ausgang. Sie kamen im Lauf des Tages heim. Den Zweitältesten, Balz, fanden wir nicht, wir wussten nicht, wo er war. Es hiess, man habe geschaut, aber er sei nicht da. Er meldete sich auch tagsüber nicht. Da habe ich schon ein wenig gezittert und heimlich im Bereich gestochert, wo sein Bett gestanden hatte. Das durfte ich aber niemandem sagen. Erst als er am Abend auftauchte, ging es mir wieder gut. Die Jüngeren hatten wir zu Nachbarn geschickt, bevor wir uns daran machten, zu retten, was noch zu retten war.

In all dem Unglück fühlten wir uns nie alleingelassen. Schon morgens um halbsieben kam der erste Nachbar mit einem Rucksack voller Esswaren, Käse, Speck und Trockenfleisch. Tagsüber erschienen noch viele andere. Die einen brachten ein paar Kleider, die anderen sagten, „schick eins oder zwei von deinen Kindern zu mir, wir kleiden sie ein". Einer der Buben war in derselben Klasse wie ein Mädchen von *Chochr* Kari. Er solle nur kommen, hiess es, sie würden ihm Kleider geben, damit er am Montag wieder in die Schule gehen könne.

Ich selber besass ebenfalls nichts. Ich war nur mit Hemd, Hose und offenen Holzschuhen bekleidet. Es war die gute Hose, die ich am Vortag trug. Ich hatte sie vor dem Schlafengehen neben das Bett gelegt. Weil ich es wegen dem Brand eilig hatte, suchte ich nicht zuerst nach der Werktaghose. In der Hosentasche steckten das Portemonnaie mit ein paar Franken, die Ausweise und meine *Pfiffäruschtig*. So besass ich wenigstens den Geldbeutel, ein bisschen Bargeld, den Fahrausweis und das Bankkärtchen. Am Montagmorgen kam nach dem Frühstück eine grössere Gruppe Nachbarn, um beim Aufräumen zu helfen. Einer von ihnen gab mir ein Paar *Kartatschä*, sonst hätte ich keine Schuhe gehabt. Es hatte ein wenig geschneit, in den Holzschuhen wäre es nicht gängig gewesen. Eine ganze Weile besass ich nur diese „Kartatschen". Ich trug sie auch im Landrat. Niemand fiel das auf.

Wir liessen uns jedoch nicht entmutigen, sondern rissen die

Brandruine ab und bauten an ihrer Stelle das neue Haus, in dem wir jetzt wohnen. Doch zuerst mussten wir eine Bleibe finden, wo wir unterkommen konnten, bis das neue Haus stand. Vorübergehend fand die Familie bei einem Nachbarn Unterschlupf. Aber das konnte nur eine Übergangslösung sein. Ich machte mich deshalb sofort auf die Suche nach einer Alternative. Zufällig stiess ich wenige Tage nach dem Brand auf eine geräumige Wohnbaracke von hundertzehn Metern Wohnfläche, die zu kaufen war. Das reichte für unsere Bedürfnisse, denn es wohnten bereits nicht mehr alle Kinder zuhause. Ich schlug sofort ein, organisierte den Abriss des Gebäudes, transportierte es in den Wyler und stellte es dort wieder auf. Eine knappe Woche später konnten wir einziehen.

Luftaufnahme des Wyler mit dem neuen Haus

Danach machten wir uns an die Planung, Vorbereitung und Ausführung des Neubaus. Viele Arbeiten verrichteten wir selber oder mit Taglöhnern. Die Maurerarbeit vergab ich einem Maurer, die Zimmerei einem Zimmermann, und es brauchte natürlich auch Fachleute für die sanitären Anlagen, das Elektrische, die Heizung usw. So kamen wir gut über die Runden.

Das abgebrannte Haus war versichert. Wenn wir das neue im gleichen Format wieder aufgebaut hätten wie das alte, hätte wir es in etwa mit der Versicherungssumme bezahlen können. Aber es ist etwas grösser geworden. So ist unten drin viel mehr Platz. Unter anderem haben wir dort eine Werkstatt eingerichtet. Auch der Wohnraum ist grosszügiger ausgefallen. Wir verfügen jetzt über zwei Wohnungen mit separatem Eingang. Deshalb reichte der Schadenersatz nicht aus.

Aber jetzt ist *ämal* alles bezahlt.

Ich war nicht immer ein eifriger Soldat

Wie schon erwähnt, machte ich auch etwas Militär. Die RS verschob ich zuerst, sie kollidierte mit der landwirtschaftlichen Schule, an der ich mehr Interesse hatte als an der Armee. Ich holte sie im Frühjahr 1969 in Bellinzona nach.

Für die Schiessverlegung fuhren wir auf den San Bernardino. Wir logierten im Dorf San Bernardino, geschossen wurde auf dem Pass. Ich war bei der Transporttruppe, sie konnten mich sonst nirgendwo brauchen. Unsere Aufgabe war, zu viert oder fünft Munition und Ware auf einen Rettungsschlitten zu laden und ihn auf Skiern hochzuziehen. Unterwegs schalteten wir eine Znünipause ein, es ging ja *ä huärä Schtuck obsi*. Die Kollegen oben fanden, die Transporttruppe mache es eigentlich nicht schlecht, aber sie brauche manchmal ein wenig viel Zeit. Deshalb schickten sie einmal einen Korporal mit, den man nirgends sonst brauchten konnte, er war nicht sehr beliebt. Natürlich half er nicht ziehen. Beim Lüftungsschacht, wo wir gewöhnlich pausierten, hielten wir an und packten das Znüni aus. Der Korporal fand, das ginge nicht. Doch wir insistierten. wir hätten es immer so gehalten und würden das auch heute tun. Da sahen wir jemand den Berg hochkommen. Es war der Instruktionsoffizier. Der Korporal befahl, sofort aufzubrechen, doch wir gehorchten nicht. Ich sagte ihm, „wenn du es dir nicht zutraust, melde eben ich die Truppe, du kannst dich ja verstecken". Sobald der Instruktionsoffizier angekom-

In der Rekrutenschule

men war, machte ich die Meldung. Ich konnte es sehr gut mit ihm. Jedenfalls setzte er sich zu uns und liess sich einen Kaffee reichen.

Einmal erhielt ich auf dem Pass den Auftrag, mich etwas weiter vorne als Schiesswache zu postieren und den Kaffee zuzubereiten. Zufällig kam wieder der Instruktionsoffizier vorbei. Ich rief ihm zu, er müsse stehen bleiben, dort hinten werde scharf geschossen. Trotzdem machte er Miene weiterzugehen. Sofort stellte ich mich ihm entgegen, „kommt nicht in Frage, ich darf niemanden durchlassen". Wenn er nicht gehorche, müsse ich ihm in den Fuss schiessen. Da klopfte er mir auf die Schulter, „sehr gut, Rekrut Arnold, genau das wollte ich von dir hören". Wir tranken dann mehr als eine Stunde zusammen Kaffee. Als ich das nächste Mal aus dem Urlaub kam, tauchte er plötzlich im Zug auf und drückte mir eine Flasche Schnaps in die Hand, ich solle ihn „verhirten".

Ich war bestimmt kein guter Soldat, aber ich habe gemacht, was von mir verlangt wurde. Ein Kränzchen oder Blümlein mehr am Hut hat mich jedoch nicht beeindruckt.

Der Schulkommandant in Bellinzona hiess Oberst Carrugo. Am ersten Wochenende stand ich von zwei bis vier Uhr Schildwache vor dem Kasernentor. Weil es kalt war, genehmigte ich mir eine Pfeife, obwohl das streng verboten war. Auf einmal merkte ich, dass jemand hinter mir bei der Tür stand. Rasch steckte ich die Pfeife weg, nahm Stellung an und meldete mich. In gebrochenem Deutsch fragte der Kommandant, wer hier geraucht habe. „Keine Ahnung, ich habe niemand gesehen", gab ich zur Antwort.

Vierzig Jahre später fand ein Zugtreffen in Gersau statt. Der Leutnant lud auch Oberst Carrugo ein. Dieser gab mir die Hand und sagte seinen Namen, doch ich erkannte ihn nicht, ich dachte, er sei schon lange tot. Ich hielt ihn für jemand anders, weshalb ich antwortete, er solle keinen *Schtuss* erzählen. Doch er war es tatsächlich, bereits über neunzigjährig. Beim gemütlichen Zusammensein sagte er mir ohne Umschweife, er sei sich damals sicher gewesen, dass ich es war, der geraucht habe. Ob er Recht habe? Ich antwortete, ja, heute könne ich es zugeben, er könne mich ja nicht mehr in die Kiste werfen. In der Kiste wäre ich wohl nicht gelandet, meinte er, er habe mir aber nichts beweisen können. Heute habe er mich erkannt, weil ich als einziger Rekrut einen Bart trug.

Wenn ich dachte, es gehe nicht wegen der Landwirtschaft, was mehrmals vorkam, verschob ich den WK. Der Betrieb war mir wichtiger als das Militär. Mit der Zeit wurde es aber schwieriger. Einmal hätte ich im Nachsommer oder Herbst einrücken müssen, wir waren noch am Emden. Ich versuchte, den Kurs zu verschieben, ohne Erfolg. Auch mein Wiedererwägungsgesuch wurde abgelehnt. Es kam am Freitag zurück, ich hätte am Montag einrücken müssen, was ich aber nicht tat. Trotzdem passierte nicht allzu viel, ich erhielt nur einen Verweis, was weiter nicht schlimm war.

Ein anderes Mal suchte ich eine Aushilfe. Der Angefragte hatte aber bereits anderswo zugesagt. Am Mittwoch der ersten WK-Woche traf ich ihn auf der Viehschau in Altdorf. Er fragte, ob ich jemand gefunden habe, was ich verneinte, worauf er erklärte, er habe unterdessen keine Verpflichtung mehr. Ich rief beim Kreiskommando an, ich sei jetzt in der Lage einzurücken, es seien ja erst drei Tage vergangen. Gegen Abend erhielt ich den Bescheid, ich solle mich morgen in Ambri einfinden. Man nannte keine Zeit, sodass ich es nicht eilig hatte. Es war dann halt ein kurzer WK.

Weil ich viele WK verschob, absolvierte ich sie oft mit anderen Einheiten: Schwyzer, Bündner, Glarner, Walliser, Luzerner.

Das fand ich interessant, so lernte ich neue Leute kennen. Im Bataillon 87 war ich in meiner Kompanie mit drei andern aus Spiringen zusammen. Was tut man da am Abend? Man jasst miteinander, *miär Lappichäibä* hätten das auch zu Hause tun können. In fremden Einheiten kennt man sich nicht, man muss den Kontakt suchen.

Im November 1980 war ich bei den Bündnern. Es war mein letzter WK im Auszug. Normalerweise absolviert man den mit achtundzwanzig, doch wegen den Verschiebungen war ich bereits zweiunddreissig. Am Abend davor rief ich den Kadi an, es sei mir unmöglich, schon um zehn Uhr in Davos zu sein, ich hätte keine Verbindung. Er fragte, wann das Postauto fahre. Ich sagte, um sieben, der erste Zug jedoch um sechs, ich wohne im Schächental, so früh hätte ich keine Verbindung nach Flüelen. Ich müsse trotzdem den ersten Zug nehmen, war die Antwort. Ich traf dennoch erst am Mittag in Davos ein. Ein Soldat erwartete mich und brachte mich zur Kompanie.

Der Kadi wollte wissen, wie ich nach Flüelen gelangt sei. Ich sagte, ich hätte keine andere Möglichkeit gehabt, als mir morgens um drei Uhr den Rucksack umzuhängen und nach Flüelen zu marschieren. Ich hatte allerdings geschwindelt, ich war mit dem Auto nach Flüelen gefahren. Gutgläubig entschied der Kommandant, nachdem ich schon so früh zu Fuss unterwegs gewesen sei, sei ich vom geplanten Fussmarsch dispensiert. Ich dürfe im Jeep mitfahren. Ich solle nur die Packung erstellen wie alle anderen, er nehme dann meinen Rucksack mit. Seit der RS hatte ich dort ein Glöckchen montiert. Das hatte mir Onkel Sepp geschenkt, als ich ein paar Monate alt war. Seither hat es mich immer begleitet. Vorerst hing es an meiner Wiege, danach hängte ich es Jungtieren um, bis ich es wie gesagt in der RS am Rucksack festband. Mit diesem Geläut marschierte der Kommandant schön voraus.

Der Kadi hatte den Narren an mir gefressen. Eine Zeitlang hatte ich fast Bedenken, ich würde den Ruf eines Arschleckers kriegen. Wenn er Haarkontrolle machte, schiss er die anderen zusammen und schickte sie zum Coiffeur. Bei mir ging alles durch.

Am ersten Tag in der Ausbildung setzten wir uns für eine Pause hin und packten das Znüni aus. Da kam der Kadi und fragte, was da los sei. Ja, Znünipause halt. Was, Znünipause? Ich erklärte ihm, ich hätte jetzt schon sieben WK mit verschiedenen Einheiten hinter mir, aber Znünipause habe es an jedem Ort gegeben und die wolle ich auch hier. Am Abend verkündete er dann, ab sofort gebe es um neun Uhr eine Pause, wer ein Znüni mitnehmen wolle, könne das tun. Zwanzig Jahre später hörte ich, dass in dieser Kompagnie die Znünipause immer noch existiert und man erzähle, die habe einmal ein Schächentaler eingeführt.

Es war ein Manöver-WK, wir kamen relativ weit herum. Der Soldat, der mich damals am Bahnhof abgeholt hatte, war auf dem Heinzenberg Bauer. Mit ihm konnte ich es von Anfang an gut, wir waren auch in der gleichen Gruppe. Er kannte die Gegend bestens. Wir waren oft nachts unterwegs. Mehrmals gingen wir bei Bauern, die er kannte, Vieh anschauen. Komischerweise taten wir das immer dort, wo junge Mädchen zu Hause waren. Klar, wir schauten das Vieh an, nachher gab es aber jeweils einen Kaffee. Uns beide haben sie einige Male gesucht, aber nie gefunden. Bei mir ging alles durch. Die anderen merkten dann schon, dass das Arschlecken einseitig war.

In der zweiten Wochenhälfte waren wir auf einer Alp auf etwa zweitausend Metern stationiert. Meine Aufgabe war, tagsüber ein wenig Holz zu sammeln. Das machte ich natürlich, man gestand mir sogar einen Gehilfen zu. Wir sammelten es immer in der Richtung, die am Weg zum Zeltplatz lag.

Wenn die Kompanie auf dem Rückweg vorbeikam, stand dort ein Stapel Holz. Wir gaben jedem einen Ast, heimgetragen haben es also immer die anderen.

Am Abend hatten wir es schön warm am Feuer.

Am Freitagabend sagte mir der Kadi, ich könne morgen mit dem Haflingerfahrer runterfahren und danach in den Urlaub, ich wohne ja so weit weg. Ich hatte aber schon mit dem Kollegen vom Heinzenberg abgemacht, dass ich am Wochenende zu ihm gehe. Er musste am Samstag noch einrücken, er hatte freibekommen, weil sein Vater ein paar Rippen gequetscht hatte. Ich dachte, ich sehe ihn dann schon. Und tatsächlich, am Morgen, als ich in Wiesen im Landwassertal ankam, trafen wir uns. Ich erklärte ihm, ich hätte Urlaub erhalten, komme aber trotzdem zu ihm. Er müsse mir nur den Weg erklären.

Ich gelangte dann recht früh per Autostopp auf den Heinzenberg. Sein Vater fragte mich, ob es mir egal sei, mit ihm in die Maiensäss zu fahren, wo er seine siebenundzwanzigköpfige Rinderherde hirten wollte. Klar hatte ich nichts dagegen. Am Abend kam mein Kollege aus dem Militär und wir gingen zusammen in den Ausgang. Am Sonntag schauten wir bei verschiedenen Bauern Vieh an.

Das war *hüärä scheen.*

Wie ich zu meinem Übernamen kam

Als Wettkämpfer an einer Handmähmeisterschaft

An der Michaelsgemeinde 2015 wurde ich zum Kerzenvogt der Sennenbruderschaft Bürglen gewählt. Im Vorschlag hiess es, ich sei ein Mann, den hier im Schächental alle, in Uri die meisten, in der Schweiz sehr viele und im Ausland auch *ä ganzä Hüüfä* kennen würden.

Wenn das stimmt, ist es gewiss ein wenig auf mein unverwechselbares Aussehen zurückzuführen. Ausserdem bin ich vielen Leuten wegen meinen Teilnahmen an nationalen

Hornschlittenrennen sowie an nationalen und internationalen Handmähmeisterschaften, zum Teil aktiv, zum Teil als Kampfrichter, bekannt. Sicher trugen auch meine politische Tätigkeit und meine Mitarbeit in zahlreichen landwirtschaftlichen Vereinen und Verbänden zum Bekanntschaftgrad bei.

Doch der wichtigste Faktor dürfte mein Einsatz für die Ziegenzucht sein, denn viele kennen mich nur als *Gäissä-Tony*.

Wie bin ich zu diesem Übernamen gekommen?

Ziegen haben mich schon immer fasziniert

Ziegen haben mich schon immer fasziniert, mein Vortrag während der landwirtschaftlichen Ausbildung ist ein guter Beleg dafür. Geissen sind ja wirklich interessante Tiere. Als Dreijähriger wollte ich einmal dem *Lotterer*-Franz, einem Mitälpler auf Sittlisalp, ein *Gitzi* abkaufen. Eigentlich hatte er kein Musikgehör für meinen Wunsch, wir hätten ja mit dem *Gitzi* nichts anfangen können, weil wir noch kein Land besassen. Ich nötigte aber, sagte, ich zahle tausend Franken. So viel habe ihm noch nie jemand für ein Zicklein geboten, meinte er. Zu meinem Vater sagte er, wenn er einverstanden sei, gebe er ihm eines, es koste aber nicht tausend Franken. Er wusste genau, dass ich keine Ahnung hatte, wieviel Geld das war. Ich hatte die Zahl irgendwo aufgeschnappt. Der Handel kam natürlich nicht zustande.

Zwei Geissen waren auch das erste Vieh, das wir 1968 nach der Übernahme des Wylers besassen. Ich hatte sie dem Bauer im Seetal abgekauft, bei dem ich im Frühling während ein paar Wochen die Stellvertretung übernommen hatte. Mein Vater und ich transportierten sie dann im VW-Käfer nach Hause. Wir nahmen die beiden Tiere jeweils nicht mit auf die Alp, sie blieben den ganzen Sommer über bei mir auf dem Wyler und dienten mir als Milchspender.

Ziegen werden seit Jahrhunderten in Uri gehalten. Ich kannte sie vor allem von der Sittlisalp her, wo andere Älpler Geissen sömmerten. Dort knüpfte ich die erste Beziehung zu ihnen. Im Wyler hielt man früher keine, die zwei aus dem Seetal waren die ersten. Eine Weile blieb es dann bei dieser Zahl.

1975 engagierte ich mich als Mitinitiant der ersten Geissengenossenschaft Uri. In der Folgezeit hielten wir im Wyler zeitweise bis zu zehn Muttertiere mit Nachwuchs. Die Milch verarbeiten wir zu Ziegenkäse. Doch schon bald reduzierten wir die Zahl wieder. Die Milch gaben wir Kälbern zu trinken, sofern wir sie nicht nach Loreto (Bürglen) lieferten, wo die Firma Emmi eine Käserei besass. Als diese geschlossen wurde, taten sich ein paar Ziegenhalter zusammen, um die einfache Gesellschaft „Geissmilch-Verwertung Urner Unterland" ins Leben zu rufen und im Gosmermarkt bei Planzer Tino eine Kleinmolkerei einzurichten. Diese entwickelte sich allerdings nicht zum erhofften grossen Renner. Ich befürchte, dass sie bald zumachen wird.

Infolge Platzmangel halten wir heute auf unserem Hof keine Ziegen mehr.

1980 wurde ich vom Kanton als Schauexperte für Ziegen vorgeschlagen. Ich machte den entsprechenden Kurs und legte die Prüfung ab.

Zwei Jahre später erfolgte die Wahl in den Vorstand des Schweizerischen Ziegenzuchtverbandes, wo ich lange Zeit dem Ausschuss angehörte und die Arbeitsgruppe Zucht präsidierte. Insgesamt machte ich knapp dreissig Jahre aktiv mit. Als Experte fungierte ich sogar noch länger. Während meiner Expertenzeit durfte ich in allen Schweizer Kantonen Geissenschauen richten. Auch in den umliegenden Ländern Deutschland, Österreich, Italien und Frankreich war ich als Schaurichter im Einsatz. Zusätzlich war ich viele Jahre als Expertenausbildner tätig. Es gab eine Zeit, wo in der Schweiz kein Ziegenexperte im Einsatz war, der nicht bei mir in die Schulung gegangen war.

Eine meiner Aufgaben im Verband bestand darin, Ziegen für den Export zu kaufen und deren Versand zu organisieren. So kam ich weit im In- und Ausland herum.

Im Kanton Uri setzte ich mich erfolgreich dafür ein, Kleinviehzucht als Wahlfach ins Angebot der Bauernschule aufzunehmen. Danach war ich dort lange als Fachlehrer für Geissenzucht tätig.

So ist mein Übername entstanden.

Das eindrücklichste Erlebnis mit Geissen hatte ich 1995: der Transport, zusammen mit vier Kollegen, von zweihundertsechs Ziegen von unserem Land nach Tuzla in Bosnien-Herzegowina. Die Tiere waren von einem islamischen Hilfswerk bestellt worden. In der Schweiz wurden sie an verschiedenen Sammelstellen auf zwei Lastenzüge verladen. In Uri war ich für den Kauf und Verlad zuständig. Der Sammelplatz befand sich in Erstfeld bei der Reussbrücke. An einem Dienstagmorgen fuhren wir dort ab, am Samstagmorgen danach luden wir die Geissen nach tausendachthundert Kilometern Fahrt in Tuzla wieder aus.

Eigentlich wäre die Strecke schneller zu bewältigen gewesen. Aber wir mussten mehrere Grenzen überqueren, was immer mit Verzögerungen verbunden ist. An der italienisch-slowenischen Grenze ging es noch recht zügig. Doch dann begannen die Probleme. Ex-Jugoslawien war ja Kriegsgebiet. Wir wurden von Schützenpanzern und Soldaten mit Schusswesten begleitet. Immer wieder stiessen wir im Niemandsland auf temporär eingerichtete Grenzposten irgendeiner Kriegspartei, wo es oft zu stundenlangen Diskussionen kam. An einem Ort mussten wir von drei Uhr morgens bis nachmittags um fünf Uhr warten, bis wir weiterziehen konnten. Das war der extremste Fall. In der Regel machten wir nur an Grenzposten Halt oder wenn wir auf einen Brunnen stiessen, um die Ziegen zu tränken. Nach und nach wurde das mitgeführte Heu knapp. Mit Schmiergeld gelang es, zusätzliches Futter zu organisieren. Häufig fuhren wir auch nachts auf schlammigen Nebensträsschen.

Unser persönliches Problem war die Verpflegung. Niemand hatte so richtig vorausgesehen, auf was wir uns einliessen. Deshalb hatten wir kein Essen mitgenommen. Ich hatte zwar daran gedacht, es in der Eile jedoch wieder vergessen. An der italienisch-slowenischen Grenze konnten wir noch in einem Gasthof speisen. Doch danach wurde es schwierig, an Nahrung heranzukommen. Fast nirgendwo gab es etwas zu kaufen, ausser vielleicht ein Stück steinhartes Brot oder ein paar angeräucherte Schafrippchen. Nach unserer Ankunft wurden wir zum Mittagessen eingeladen. Wir erhielten eine grosse Platte Leberplätzchen vorgesetzt, die wir restlos verschlangen. Gerne hätten wir noch mehr gehabt, aber man konnte uns nichts mehr anbieten. Beim abendlichen Streifgang durch Tuzla fanden wir schliesslich ein Restaurant, wo wir noch ein wenig Essen vorgesetzt erhielten. Um elf Uhr begann die Ausgangssperre. Nachts hörten wir mehrmals Gewehrschüsse.

Die Rückkehr dauerte nur noch zwei Tag, auch wenn wir wieder mit militärischer Begleitung im Konvoi fahren mussten. Da die Lastwagen leer waren, blieben die Scherereien an den Grenzposten aus.

Eine grosse Leistung, zu der ich meinen Teil beigetragen habe, war die Ausrottung der Viruskrankheit CAE (Caprine Arthritis-Encephalitis). Die befallenen Ziegen haben geschwollene Knie, sie lahmen und magern ab. Ihr Euter wird steinhart und gibt keine Milch mehr. Der Virus überträgt sich von einer Generation zur anderen, lässt sich jedoch nicht abtöten. Das einzig wirksame Mittel, um die Krankheit zu besiegen, besteht darin, die Übertragungskette zu unterbrechen. Es bleibt deshalb nichts anderes übrig, als erkrankte Tiere zu schlachten.

Der Kanton Uri gehörte zu den ersten, die eine Arbeitsgruppe einsetzten, um ein Massnahmenkonzept zu entwickeln. Ich durfte sie präsidieren. Das Konzept sah vor, potentielle Überträger mittels Blutproben zu eruieren, Junggeborene unmittelbar nach der Niederkunft komplett vom Muttertier zu trennen und Tiere mit CAE mit finanzieller Unterstützung des Kantons ohne Wenn und Aber auszumerzen. Das erwies sich als sehr wirksam.

Heute gilt diese Ziegenkrankheit in der Schweiz offiziell als ausgerottet.

Viehschauen, meine grosse Leidenschaft

Eine meiner grössten Leidenschaften ist die Teilnahme an Viehschauen. Es braucht einiges, um mich davon abzuhalten, zu einer hinzugehen, die mir wichtig erscheint.

Der Viehschau-Virus hat mich schon als junger sechzehnjähriger Knecht im Glarnerland befallen. Das war im Herbst 1964. Ich war kaum vor Ort angekommen, als ich erfuhr, dass im Städtchen Glarus eine Viehausstellung stattfinden werde. Ich fragte meinen Chef, ob er vorgehabt habe teilzunehmen. Natürlich wäre das inzwischen nicht mehr möglich gewesen, er musste ja ins Spital. Er gab mir zur Antwort, er hätte das nicht geplant gehabt, wenn ich aber gehen wolle, erlaube er es mir gern. Ich könne die Kuh selber auswählen. Was ich denn auch tat. Mit Erfolg, wie sich herausstellte. Mit anderen Bauern zusammen marschierte ich mit meiner Kuh von Schwanden nach Glarus. Ich hatte offenbar ein gutes Auge bewiesen, denn sie erreichte einen Platz in der ersten Hälfte der Rangliste.

Es war das erste Mal in meinem Leben, dass ich selbständig ein Tier an einer Viehschau vorführte.

Kurz nachdem Vater und ich den Wyler übernommen hatten, begann ich, mit eigenem Rindvieh an Viehausstellungen zu gehen. Nach der Gründung der Geissengenossenschaft im Jahr 1975 tat ich es auch mit Ziegen. Ich bin stolz auf die vielen Preise, die ich auf all diesen Viehexpos gewonnen habe. Während vierzig Jahren habe ich mich ohne Unterbruch an kantonalen Ausstellungen beteiligt und bin kein einziges Mal ohne Kranz nachhause gekommen. Einen Kranz erhalten nur die erst- und zweitrangierten Tiere. Ich habe also all die Jahre hindurch jedes Mal mindestens ein Tier in die Kranzränge gebracht, manchmal auch mehrere.

Ich trat auch an interkantonalen Ausstellungen auf. Mit Geissen fuhr ich des Öfteren nach Sargans, mit Rindvieh waren es Veranstaltungen in Sargans, Wattwil, Ruswil oder Zug, dazu noch die Olma und Luga (Luzerner Messe). An der Olma und Luga nahm ich auch mit Ziegen teil. Erfolgreich beim Rindvieh war ich hauptsächlich in der Kategorie Original-Braun. Meine Schauexemplare trugen allesamt Hörner. Klar, dass ich auch die Hornkuh-Initiative sympathisch fand.

Ausserdem konnte ich beim Rindvieh zwei männliche und sechs weibliche Zuchtfamilien stellen. Bei den Ziegen waren es sogar drei männliche und sieben weibliche.

Um erfolgreich zu sein, muss man selbstverständlich das richtige Tier wählen. Es setzt ein geübtes Züchterauge voraus einzuschätzen, ob Format, Fundament, Euter, Grösse, Breite, usw. ausreichen, um eine Chance zu haben. Vor der Schau gehört das Tier geschoren und gewaschen, und man muss mit ihm das Laufen üben, damit es sich vor den Schaurichtern einigermassen gut aufführt. Gewisse Ausstellungen veranstalten eine Vorschau, wo Experten eine Auswahl treffen, andere kennen diese Hürde nicht. Der Teilnehmer muss selber abwägen, ob er sein Rindvieh oder seine Ziege vorführen will oder nicht.

Der krönende Abschluss erfolgte 2013. Bei der Betriebsübergabe an meinem Sohn behielt ich das Rind „Minorka" für mich zurück, weil ich mit ihm nach Lausanne an die Suisse-Expo fahren wollte.

Siegerrind „Minorka"

Die Suisse-Expo ist die grösste Viehausstellung der Schweiz. Inzwischen ist sie nach Genf ausgewandert. Ich war überwältigt, als „Minorka" zum Champion gekrönt wurde. Ich muss allerdings sagen, dass die Konkurrenz bei den OB-Rindern weniger gross war als bei anderen Rassen. „Minorka" brauchte sich nur gegen ein Dutzend Kontrahentinnen durchzusetzen. Für sie sprach allerdings, dass sie eine Woche später an der Sorexpo in Zug ebenfalls zur Miss gekürt wurde, und das gegen die gesamte rund hundertfünfzigköpfige OB-Elite der Schweiz.

Nach diesem Erfolg verkaufte ich „Minorka". Sie hat unterdessen bereits sechs Mal gekalbert und macht immer noch eine gute Falle, wenn sie an Ausstellungen auftritt.

Wir haben auch immer wieder mit Stieren Kränze gewonnen. Nichts mit Kränzen hatte hingegen mein eindrücklichster Auf-

Mit Stier „Urner"

tritt mit einem Tier zu tun, 2007 mit einem Stier namens „Urner" auf dem Paradeplatz in Zürich. Tourismus-Uri hatte dort ein Event geplant und mir mitgeteilt, sie würden dabei gerne einen Stier vorführen. Ob ich gerade einen passenden habe? Leider musste ich ihnen eine Absage erteilen. Doch ein paar Wochen später kaufte ich auf dem Markt in Zug ein fünfjähriges, tausendzweihundert Kilo schweres Exemplar, das zufällig den Namen „Urner" trug. Der Stier stammte aus Quarten (SG). Sein Besitzer hatte die Angewohnheit, seinen Jungtieren immer einen Namen mit dem Anfangsbuchstaben des Namens der Mutter zu geben. Die von „Urner" hiess „Ustara".

Irgendwie erfuhr Tourismus-Uri von meinem Kauf, worauf sie auf mich eindrangen, den Stier in Zürich auftreten zu lassen. „Urner" war sehr umgänglich. Dank der Präsenz des Fernsehens geriet unser Auftritt auf dem Paradeplatz zu einem schweizweiten Medienereignis.

Seither sind schon über zehn Jahre vergangen, doch ich

Der Zürcher Paradeplatz gehört nun dem Kanton Uri

Monopoly | Uri hat gewonnen

Die Schweizer Bevölkerung hat entschieden: Uri ist der beliebteste Kanton. Bei der neuesten Edition «Monopoly Schweiz» gehört der teuerste Platz den Urnerinnen und Urnern.

Dass nun ein kleiner Kanton wie Uri gewonnen hat, freut auch den Marketingleiter des Monopoly-Herstellers Hasbro, Harry Zogg: «Dass ein kleiner Kanton das Spiel anführt und die grösseren, urbanen Kantone weit hinter sich gelassen hat, ist toll und zeigt, dass David gegen Goliath auch in der heutigen Zeit noch eine Chance hat.» Das Voting war mit knapp 100'000 Stimmen ein grosser Renner und verzeichnete besonders im Endspurt noch einige überraschende Kehrtwendungen. Schlusslicht bildet der Kanton Schaffhausen, welcher schon für günstige 600'000 Franken zu kaufen ist.

Frühzeitig Führung übernommen

Der Sieg für den Kanton Uri zeichnete sich schon früh ab, und auch der

zweitplatzierte Kanton Glarus gehörte schon früh zu den Anwärtern auf die vorderen Plätze. Um den 3. Platz stritten sich lange Basel und der Kanton Wallis. Als lachender Dritter erwies sich dann aber der Kanton Aargau. Dies dank einem eigens produzierten Trailers des Radiosenders Argovia. Motivation des Lokalradios war es, den Kanton Zürich zu überholen, was schliesslich auch gelang. Der Kanton Zürich ist nun 1 Million Franken weniger wert als sein oft belächelter Nachbarkanton. Thurgau, während dem Voting mit dem Verdacht des unbeliebtesten Kantons konfrontiert, konnte dank medialer Unterstützung immerhin auf Platz 18 vorgeschossen. Zu den Verlierern nach anfänglich guter Platzierung gehören der Kanton Zug auf Platz 12 (ehemals Platz 3), die Kantone Ob- und Nidwalden auf Platz 15 (ehemals Platz 4) und der Kanton Schwyz auf Platz 19 (ehemals Platz 10). – Gewählt wurde über die Homepage www.monopoly-schweiz.ch oder per SMS mit dem Kürzel des Kantons an die Zielnummer 266 (UW)

Mit Fahnen, Alphornklängen, Trachtenleuten und einem Stier nahm Uri am vergangenen Freitag den Zürcher Paradeplatz in seinen Besitz.

Selbst dem Urner Wochenblatt war „Urners" Auftritt eine Nachricht wert

werde immer noch darauf angesprochen. Ich wurde nie so oft fotografiert wie damals.

Ämter und Würden

Seit meiner Jugend habe ich mich immer in den Dienst meiner Mitbauern und der Öffentlichkeit gestellt. Wenn ich alle Ämter und Ämtchen aufzählen wollte, die ich in meinem Leben übernommen habe, käme eine lange Liste zustande, wobei ich wahrscheinlich noch das eine oder andere vergessen würde.

Ein Stück weit lag mir das wohl in den Genen. Mein Grossvater, der *Heirchä* Seppli, wurde schon als Fünfundzwanzigjähriger in den Gemeinderat von Spiringen gewählt. Danach übte er während dreissig Jahre im Dorf verschiedene Ämter aus. Er war mehrere Male im Gemeinderat, war Schulratspräsident, Mitglied der Liegenschaftsschätzungskommission, usw. usf. Was die mütterliche Seite anbelangt, waren sowohl mein *Chämpfä*-Grossvater als auch der Urgrossvater und Ur-Urgrossvater einmal Gemeindepräsidenten von Unterschächen. Meine Grossmutter mütterlicherseits stammte aus der *Acheler*-Dynastie, zu der Josef Maria Bissig gehörte, der im 19. Jahrhundert Regierungsrat von Uri war.

Ich selber habe mich immer für die Öffentlichkeit interessiert und wenn nötig zum Wort gemeldet, um etwas zu bewirken. Vieles ist mir dabei gelungen, vieles nicht. So erinnere ich mich, dass ich vor vielen Jahren an der ersten Gemeindeversammlung von Spiringen, an der ich teilnahm, einen Gegenvorschlag einbrachte. Es ging um die Einführung einer Hundesteuer von zehn Franken. Ich beantragte, diese abzulehnen, drang damit aber nicht durch. Stattdessen einigte man sich auf einen Fünfliber, ein Kompromissvorschlag von Müller Michel. Der beschlossene Betrag war allerdings so gering, dass er den Aufwand kaum rechtfertigte. Ich glaube nicht, dass er viele Jahre einkassiert wurde. Deshalb setzte ich mich gut vierzig Jahre später im Gemeinderat noch einmal, nun erfolgreich, für die offizielle Abschaffung der Steuer ein.

Am Anfang galt mein Interesse hauptsächlich ländlichen und landwirtschaftlichen Organisationen.

In den Siebzigerjahren half ich mit, den Jugendverein Unterschächen und die Landjugend Uri zu gründen, die ich beide eine Weile präsidierte. Überdies war ich im Vorstand der landwirtschaftlichen Baugenossenschaft und Präsident des Kleinviehzuchtverbands. Von meinem Einsatz für die Ziegenzucht habe ich bereits ausführlich berichtet. Einige Jahre gehörte ich auch dem Vorstand des Pächterverbandes der Innerschweiz an. Dieses Amt hatte ich ein Stück weit von meinem Götti, dem *Chämpfä* Peter geerbt. Als er zurücktrat, brachte er mich als Nachfolger ins Spiel.

Natürlich setzte ich mich auch für alle Belange der Sittlisalp ein. So war ich viele Jahre Kassierer und Präsident der Alpverbesserung und an vorderster Front aktiv für den Bau der Alpkäserei und des Kleinkraftwerks. Zudem stellte ich mich mehrere Jahre als Alpvogt zur Verfügung.

Sechsundzwanzig Jahre amtete ich als Präsident der Viehzuchtgenossenschaft Spiringen und rund dreissig Jahre als Vorstand und Präsident der Ziegenzuchtgenossenschaft Schächental und Umgebung. Dazu durfte ich als Tagespräsident die Gründungsversammlung der Ziegenzuchtgenossenschaft Urner Oberland leiten.

1998 wurde ich zum Milchkontrolleur von Spiringen und Unterschächen inklusive einzelner Alpen ernannt. Das mache ich noch heute. Das Kontrollmaterial trage ich im Militärrucksack mit, an dem immer noch das Glöckchen bimmelt, das einst an meiner Wiege hing.

Von 1988 bis 2000 war ich während drei Legislaturperioden Mitglied des Landrats von Uri. Spiringen hat Anrecht auf zwei Sitze. Ich muss allerdings sagen, dass diese in meinem Dorf unter den Wahlberechtigten, wie auch alle anderen Ämter, nicht mehr besonders begehrt sind. Irgendjemand muss es dann einfach machen. Heute erfolgt die Wahl an der Urne, dannzumal war noch die Gemeindeversammlung zuständig, die mit offenem Handmehr abstimmte. Es gab im Vorfeld noch keine offiziellen Wahlvorschläge, man hörte bloss munkeln, man habe mit diesem oder jenem gesprochen.

Wie 1988 auch mit mir. Doch ich winkte zuerst ab. Ich fand, es sei zu früh für mich. Ich war erst vierzig und hatte noch kleine Kinder. Irgendwie liess ich mich dann doch überreden. Die Versammlung fand Ende Mai statt. Ich erreichte im ersten Wahlgang aus einem Vierervorschlag heraus das absolute Mehr.

Bereits zehn Tage später musste ich in Altdorf zur Vereidigung antreten. Damals gab es noch Vorschriften, wie man an Sitzungen angezogen sein muss. Die männlichen Mitglieder hatten Anzug und Krawatte zu tragen.

Viele Bekannte wussten, dass ich keine entsprechende Bekleidung besass. Deshalb erkundigte sich mein Götti Peter Kempf gleich nach der Gemeindeversammlung bei mir, ob ich etwas Richtiges anzuziehen habe, sonst habe er vielleicht etwas für mich. Er war selber von 1972-1980 Mitglied des Landrats gewesen. Auch meine Tante *Heirchä* Agnes rief an, sie habe die Hochzeitskleidung ihres ersten Ehemannes aufbewahrt. Seppi, eine andere Tante von mir, hatte sie Ende der Dreissigerjahre angefertigt. Agnes meinte, dieser Anzug dürfte mir eigentlich passen, wahrscheinlich brauche es nur geringfügige Änderungen. Sie bringe ihn bei mir vorbei, damit ich ihn anprobieren könne. Wie sich herausstellte, war er aus einem schönen, feinen Stoff geschneidert. In dieser Hinsicht fiel er keineswegs negativ auf, nur der Schnitt der Hose war etwas altmodisch. Diese Kleidung trug ich dann im Landrat. Die Krawatte lieh mir mein Nachbar *Heirchä* Sepp. Ich hatte aber keine Ahnung, wie man den Knoten bindet. Jemand musste mir das zuerst einmal zeigen. Denjenigen der Militärkrawatte hatte ich seit der RS nie mehr aufgemacht.

Ich kann sagen, ich war immer jemand, der seine eigene Meinung äussert und für sie eintritt, auch wenn sie im Moment unbequem ist. Natürlich war ich auch bereit, Kompromisse einzugehen. Im Landrat interessierte mich denn auch wenig, welche Meinung meine Partei vertrat. Ich war Mitglied der CVP-Fraktion, obwohl ich vorher keiner Partei angehört hatte. Irgendeiner Fraktion musste ich mich halt anschliessen, als Einzelmitglied des Landrats wäre ich an keine Hintergrundinformationen herangekommen. Die erfährt man in den Fraktionssitzungen.

Im Normalfall habe ich immer gleich gestimmt wie die anderen Fraktionsmitglieder. Doch ich liess mich nicht in einen Stimmzwang einbinden. Es gab Fragen, wo ich anderer Meinung war als meine Kollegen und dies bei den Abstimmungen auch kundtat.

Ich gehörte der ständigen Geschäftsprüfungskommission an. Ausserdem wurde ich in verschiedene Prüfungskommissionen delegiert, die „ad hoc" den Auftrag hatten, ein bestimmtes Geschäft genauer unter die Lupe zu nehmen. Ich könnte nicht mehr alle aufzählen. Ich erwähne nur die Prüfungskommission Wasserversorgung Spiss-Spittlen, die ich präsidierte. Selbstverständlich habe ich mich stets für die Belange der Landwirtschaft eingesetzt. Anfangs waren wir zehn Bauern, am Schluss, glaub ich, noch acht. Leider waren wir uns nicht immer einig.

Gesamthaft gesehen fand ich den Aufwand für den Landrat nicht übermässig gross. Er setzte sich hauptsächlich aus Rats- und Kommissionssitzungen zusammen. Im Jahr hatten wir sechs Sessionen, die je zwei Tage dauerten. Die Kommissionen nahmen üblicherweise einen halben Tag in Anspruch. Zudem wurde man dann und wann als Gast zu irgendwelchen Besprechungen, Informationssitzungen oder Veranstaltungen eingeladen. Überschlagsmässig hatte ich im Jahr gesamthaft etwa fünfundzwanzig bis dreissig Termine. Mit Vorbereitung und so machte das annähernd einen Monat aus. Manchmal brauchte es allerdings schon etwas Überwindung, sich am Abend vor einer Sitzung noch daheim hinzusetzen, um den Stapel Dokumente zu studieren, die man regelmässig zugesandt erhielt. Auch wenn man nicht vorhatte, das Wort zu ergreifen, musste man zumindest wissen, um was es geht.

Die Sitzungsentschädigung betrug sechzig Franken für einen ganzen und vierzig für einen halben Tag. Damit mussten wir auch die Spesen berappen. Für die Mehrheit der Ratsmitglieder, die Arbeitnehmer waren, bildeten die Sitzungsgelder einen Zustupf zum normalen Lohn, der ihnen auch an diesen Tagen zustand. Für mich als selbständig Erwerbendem war es eher ein Verlustgeschäft, wegen dem Geld hätte ich jedenfalls nicht in den Landrat gehen müssen. Heute liegen die Urner Entschädigungsätze deutlich höher, schweizweit gehören sie jedoch immer noch zu den tiefsten.

Gewiss interessierte es mich, Landrat zu sein, sonst wäre ich nicht drei Legislaturperioden geblieben. Aber im Nachhinein muss ich sagen, dass ich beispielsweise im Gemeinderat von Spiringen, dem ich seit 2014 angehöre, mehr bewirken kann.

Er gibt wohl mehr Arbeit, ist aber interessanter. Das Feld, das er abdeckt, ist natürlich auch nicht so gross und die Themen beziehen sich auf die Gemeinde, die man ja von hinten bis vorne kennt.

Früher war ich auch einmal fünf Jahre Mitglied des Schulrates von Spiringen. Zuerst sass ich als einfaches Mitglied ein, doch nach einem Jahr rutschte ich überraschend als Präsident nach. Diese Funktion übte ich vier Jahre aus, also eine doppelte Amtsperiode. In Uri gibt es den Amtszwang. Jeder Bürger ist verpflichtet, wenn er keine elementaren Gründe dagegen ins Feld führen kann, ein Amt, in das er gewählt wird, mindestens eine doppelte Amtsperiode zu übernehmen. Ich selber war aber nicht gegen meinen Willen in den Schulrat gewählt worden, auch wenn ich es sicher nicht gesucht hatte. Man schaute halt immer, dass auch die Landwirtschaft vertreten ist. Das war wahrscheinlich der Grund, weshalb sie auf mich zugekommen sind.

Die nächste Herausforderung wird sein, mich im kommenden Juni zur Wahl als Gemeindepräsident zur Verfügung zu stellen; ziemlich genau hundertzwanzig Jahre, nachdem mein Grossvater *Heirchä* Seppli in den Gemeinderat gewählt worden war.

Ein Höhepunkt in meinem Leben war sicher meine Zeit als Kerzenvogt oder Sennenvater der Sennenbruderschaft Bürglen. Zum Kerzenvogt, ein Ehrenamt, wird meistens ein Mann im vorgerückten Alter gewählt, der sich als Bauer und Älpler oder in verschiedenen Funktionen für die Allgemeinheit, besonders jedoch für die Land- und Alpwirtschaft verdient gemacht hat. Gewählt wird er für ein Jahr. Man erwartet von ihm, dass er neue Mitglieder wirbt und sich spendabel gegenüber seiner Sennenfamilie, den jungen Sennenbeamten und ihren Jungfern zeigt. Er braucht aber nicht die vollen Kosten der Sennenkilbi zu tragen.

Ich selber war nie Sennenbeamter oder Senn gewesen. Als ich zwanzig war, ging ja mein Vater „z'Alp", während ich die Heuet besorgte. Ich war aber schon vor meiner Wahl zum Kerzenvogt mehrmals in den Vorschlag gekommen, doch es gelang mir jedes Mal, jemand anders ins Gespräch zu bringen. Ich bin nicht der Typ, der sich gerne an der Sennenkilbi zwei Tage auf dem Präsentierteller zeigt. Kerzenvogt sein ist zwar etwas ganz Schönes und eine grosse Ehre, die ich aber vorerst lieber anderen überliess.

Als amtsältester Landrat von Spiringen waltete ich jedoch statutengemäss mehrmals als Vorsitzender der Michaelsgemeinde. 1993, als die Bruderschaft ihr vierhundertjähriges Jubiläum feierte, hatte ich sogar den Vorsitz des Vorstands inne, der normalerweise dem Pfarrer von Bürglen zufällt. Da seine Stelle ein gutes Jahr lang vakant blieb, musste ich das Amt übernehmen. Als abtretender Vorsitzender war ich auch acht Jahre lang Rechnungsrevisor.

Ich habe also über viele Jahre hinweg die Bruderschaft mitgestaltet. Wir nutzten die Zeit, um verschiedene Änderungen einzuführen, welche die Sennenkilbi attraktiver machen sollten. So verlegten wir die Festlichkeiten vom Kirchenvorplatz von Bürglen auf den Schulhausplatz, wo auch eine Festwirtschaft eingerichtet wurde. Ausserdem ernannten wir einen Sprecher, der die Mitglieder der Sennenfamilie detailliert vorstellt und die Versammelten durch das Fest führt.

2015 kam ich wieder in den Vorschlag, wenn auch nicht als erster. Es war der *Daavä* Markus, der mich aus der Runde mit dem bereits zitierten Satz über meine Bekanntheit ins Spiel brachte. Darauf wurde ich im ersten Wahlgang gewählt.

Wir feierten eine schöne Kilbi, umrahmt von einer tol-

Sennenvater und Sennenmutter

len Sennenfamilie, mit der ich mich bestens verstand. Alles ging gut, allerdings war es ein bisschen eine schlafraubende Zeit.

Die Mitgliederwerbung erwies sich als eine aufwändige Aufgabe. Meist waren die Angesprochenen bereits Mitglieder. Trotz-

Die Sennenfamilie 2015 mit dem abtretenden Sennenvater Anton Gisler aus Bürglen und Frau (rechts aussen)

dem kam ich auf eine anständige Zahl, ich weiss nicht mehr, wie viele, ich stellte aber keinen Rekord auf.

Auf mich folgte 2016 wieder ein *Heirchä*, der Sepp vom Holzerbergli.

Jetzt bin ich pensioniert

Seit ein paar Jahren bin ich pensioniert. 2013, nach Erreichen des AHV-Alters, übergab ich den Hof an Heiri, meinen zweiten Sohn. Mein Junior hat zuerst die Metzger- und danach die landwirtschaftliche Lehre gemacht. Er ist verheiratet und wohnt mit seiner Frau und drei Kindern im oberen Stock.

Der Wyler ist und bleibt mein liebster Ort (Foto 7.4.2011)

Wenn ich auf mein Leben zurückblicke, bin ich vor allem auf zwei Dinge stolz: meine Familie und meine Erfolge als Viehzüchter. Alles andere ist Nebengemüse.

Unterdessen sind alle Kinder ausgeflogen und verheiratet. In unserer Wohnung im Wyler ist es merklich stiller geworden. Doch über meine grosse Kinderschar freue ich mich ganz besonders, insbesondere darüber, dass fast alle mit der Land- und Alpwirtschaft verbunden geblieben sind. Von den Töchtern haben nur Rita und Berta keinen Bauer geheiratet. Zum Glück, wie ich manchmal sage, denn so können wir beim Heuen und Emden auf sie zählen. Sie tun es bereitwillig, man braucht sie nur zu rufen. Mit ihnen stehen uns tüchtige Hilfskräfte zur Verfügung, die mit allen Erntemaschinen geschickt umzugehen wissen.

Monika hat eine Ausbildung als Pflegeassistentin gemacht. Sie wohnt in Flüelen und geht mit ihrem Mann, der Bauer ist, im Isenthal auf die Alp. Balz hat Schlosser und Landmaschinenmechaniker gelernt. Heute besitzt er in Nidwalden eine Mechaniker-Werkstätte. Als Jugendlicher sass er lieber auf Maschinen, er wäre wohl nie ein guter Bauer geworden. Doch ich hätte ihm sowieso den Betrieb nicht übergeben können, dafür war es noch zu früh. Luzia ist in Flüelen mit einem Metzger verheiratet, der eine grosse Metzgerei mit einem guten Dutzend Angestellten betreibt. Sie erledigt vor allem die Büroarbeit. Mit ihrem Mann zusammen bewirtschaftet sie ausserdem eine kleine Bergliegenschaft, wo sie Schafe und Ziegen halten. Irene lebt in Seedorf und zieht jedes Jahr mit ihrem Mann und vierhundertfünfzig Schafen in Isenthal auf die Alp. Im Winter bauert sie nebenbei, während ihr Mann bei der AHV angestellt ist. In Bauen haben sie ein wenig Land gepachtet. Sie ist gelernte Pflegefachfrau. Zuerst arbeitete sie bei der Spitex, danach bei der Lungenliga. Maya absolvierte eine Lehre als Konditor-Confiseur. Nach dem Lehrabschluss ging sie während mehreren Jahren im Sommer mit ihrem Freund auf eine Alp im Bündnerland. Schliesslich kauften sie in Seedorf eine kleine Liegenschaft und halten Ziegen. Ihr Mann ist Sanitär und Baumaschinenmechaniker. Rita lernte Verkäuferin. Auch sie ging im Sommer auf die Alp. Jetzt wohnt sie mit ihrer Familie in Gersau. Berta lernte Bäcker-Konditor. Zwei Jahre nach Lehrende wechselte sie in eine Gartenbaufirma, wo sie bis einen Tag vor der Geburt ihres ersten Kindes angestellt blieb. Kobi hat Schlosser gelernt. In der Freizeit fertigt er Viehglocken in verschiedensten Formen an. Nach der Lehre arbeitete er lange in einer Firma in Küssnacht, ging aber im Sommer oft auf die Alp. 2019 war er Alpknecht auf dem Urnerboden. Eines Tages überraschte er uns mit der Nachricht, er habe standesamtlich geheiratet. Er war der Letzte unserer Kinder, der ledig geblieben war. Franz hat Käser und Landwirt gelernt. Nach der Lehre wurde ihm unerwartet ein Hof auf Seelisberg angeboten, den er pachten konnte. Seither wohnt er dort mit seiner Familie.

Man kann schon sagen, wir sind jetzt eine richtige Grossfamilie. Zusätzlich zu meinen eigenen Kindern habe ich vier tolle Schwiegertöchter und sechs ebenso tolle Schwiegersöhne und aktuell dreiundzwanzig Grosskinder erhalten. Wenn wir ein Familienfest veranstalten, müssen wir einen mittleren Saal mieten.

Obwohl ich pensioniert bin, schaue ich grundsätzlich darauf, stets noch ein wenig aktiv zu bleiben. Die meisten Ämter habe ich abgegeben. Das zeitlich aufwändigste, das mir bleibt, ist die Mitarbeit im Gemeinderat Spiringen. 2018 bin ich da auf rund hundertachtzig Termine gekommen. Das kann ich mir leisten. Zwar helfe ich auf dem hiesigen Betrieb noch etwas mit, etwa beim Heuen oder Hagen, usw. Ich bin aber nicht mehr unabdingbar. Nebenbei führe ich kleinere Sprengarbeiten durch. Die Ausbildung dazu habe ich 1987 gemacht. Ich bin auch seit einigen Jahren Vertreter für Mineralstoffe der Firma Künzli AG. Hobbymässig beschäftige ich mich überdies mit Radiästhesie und Pendeln.

So ist Gewähr geboten, dass es mir auch im AHV-Alter nicht langweilig wird.

Mein Ziel ist, noch möglichst lange mobil und geistig fit an meinem Geburtsort zu wohnen. Bisher bin ich weitgehend vor gesundheitlichen Problemen verschont geblieben. Erst im letzten Sommer musste ich zwei Wochen ins Spital, um eine Dickdarmentzündung mit Folgen auszukurieren. Danach war ich eine Zeitlang ziemlich *üfäm Hund* und fühlte mich kraftlos. An Arbeiten war nicht zu denken. Wahrscheinlich muss ich mir später einmal den entzündeten Teil herausoperieren lassen. Auch sollte ich versuchen, mein Gewicht zu reduzieren. Das ist allerdings nicht einfach. Die Fettpölsterchen, die sich über die Jahre so nebenbei auf meinem Bauch abgelagert haben, lassen sich nicht von einem Tag auf den anderen wegzaubern.

Am 19. Dezember 2019 hatte ich dann einen Herzinfarkt, von dem ich mich aber inzwischen gut erholt habe.

Wenn ich zurückschaue, fällt mir auf, wie viel sich seit meiner Geburt in Wirtschaft und Gesellschaft verändert hat.

Der für mich eindrücklichste Wandel ist die Mechanisierung der Berglandwirtschaft. Als ich hier im Wyler anfing, verfügte ich nur über einen alten Motormäher, den noch Onkel Sepp angeschafft hatte. Er war einer der ersten im Schächental gewesen. Alles andere machten wir von Hand, mit der Sense, dem Heuseil, usw. Die Mechanisierung zog eine gewaltige Effizienzsteigerung nach sich. Vorher brauchten wir mehrere Wochen, bis die Heuet im Wyler erledigt war. Irgendwo gab es dafür fast den ganzen Sommer über etwas zu tun. Erst wenn wir endlich fertig waren, konnten wir uns ein wenig ausruhen, bis wir mit Emden anfangen mussten. Heute ist es keine Seltenheit, dass die viereinhalb Hektaren in einem Zug gemäht werden.

Natürlich braucht es jetzt viel mehr Fläche, um als Bauer überleben zu können. Mit dem Pachtland zusammen bewirtschaften wir gegenwärtig rund fünfzehn Hektaren Land.

Eine andere Veränderung, die mir einfällt, ist die Teuerung. So kostet das Brot heute etwa zehn Mal mehr als während meiner Kindheit. Als ich aus der Schule kam, zahlte man für eine Flasche Bier neunzig Rappen, gegenwärtig sind es fünf Franken achtzig. Für ein Päckchen Zigaretten musste man einen Franken ausgeben, heute, glaub ich, um die acht Franken. Für mich war das allerdings nie von Belang, ich bleibe der Pfeife treu. Der Stundenlohn meines Vaters auf dem Bau betrug einen Franken fünfundzwanzig, ein Liter Benzin kostete fünfunddreissig Rappen, usw.

Auch die Gewohnheiten der Leute haben sich geändert. Früher ging man am Abend oft zu Nachbarn oder Bekannten, um einen Jass zu klopfen, vor allem im Winter. Jetzt wird hier privat nur noch wenig gejasst. Wenn man zufällig bei jemanden hineinschaut, sind alle dran, *i dä Lappichaschtä z'lüägä*. Man trifft sich zwar immer noch mit Berufskollegen und hat ein gutes Verhältnis zueinander. Früher gab es die Fasnacht, die Kilbi und den Bauernball. Das waren die Anlässe, wo man einander im grösseren Rahmen traf. Daneben wurden aber noch unzählige *Hundsverlochätä* bei diesem oder jenem zuhause veranstaltet. Irgendeiner hantierte dabei an seiner Handorgel herum, die Älteren jassten, die Jüngeren tanzten, und danach ass man gemeinsam ein Znüni.

So *eppis git's scho näiwä nimmä*.

Rückblickend darf ich sage, dass ich nichts Grundlegendes wüsste, was ich aus heutiger Sicht anders machen würde. Ich habe denn auch ich nie bereut, Bauer geworden zu sein, ganz im Gegenteil! Es war mir immer wohl dabei, wir hatten Arbeit, zu Essen und sind gesund geblieben. Was will man mehr!

Sicher, es war nie einfach, als Bergbauer zu existieren. Doch im Prinzip braucht man dafür nur die richtige Einstellung. Man muss bereit sein, seinen Lebensstandard einfacher zu gestalten. Wir können nicht auf die Schnelle mal drei Wochen in die Ferien verreisen oder am Wochenende rasch nach Davos Skifahren gehen. Ich hatte bestimmt auch weniger Freizeit als andere, dafür konnte ich meine Zeit selber einteilen. Wer sich keinen Stress auferlegt, leidet auch nicht darunter. Die meisten machen sich diesen doch selber!

Wahrscheinlich ist es heute für Bergbauern nicht einfacher als früher, über die Runden zu kommen, obwohl es nicht an Unterstützung fehlt. Doch wenn man mit dem zufrieden ist, was man hat und nicht meint, allen anderen ginge es besser, kann man auch jetzt noch bestehen, vorausgesetzt natürlich, der Betrieb hat eine gewisse Grösse. Ich möchte mich da aber nicht auf eine Zahl festlegen. Es lohnt sich auch nicht, über den Verdienst zu klagen. Die meisten Menschen, nicht bloss die Bauern, haben eh das Gefühl, sie bräuchten mehr als sie bekämen.

Mein Grundsatz war immer: Es ist nicht wichtig, wieviel du einnimmst, sondern was dir unterm Strich bleibt. Man darf nicht mehr ausgeben als einnehmen. Unterm Strich muss eine schwarze Zahl stehen, dann geht es. Es gibt Bauern, die haben Kühe, die geben im Jahr zehntausend Liter Milch. Doch was für einen Aufwand müssen sie dafür betreiben! Wir hier brauchen keine Kühe, die so viel produzieren. Es ist gut möglich, dass bei uns sechstausend Liter genügen, um letztendlich trotzdem mehr zu haben als der Bauer mit seinen Hochleistungskühen.

Glossar der Mundartausdrücke

ä ganzä Hüüfä	eine ganze Menge
ä huärä Schtuck obsi	ein ganz schönes Stück nach oben
ämal	jedenfalls
ämmänä Wiibervolch naagaa	einem Weibervolk nachstellen, hier: eine Frau für sich suchen
Baarnä	Futterkrippe
chäibä güät	überaus gut
Chritz	Streit, Auseinandersetzung
Däädi	Kosewort für Vater
Durgäändä	die Nacht ohne Schlaf zubringen
Faarglit	Geläut aus Treichel und Schellen, welche man den Tieren bei Alpfahrten umhängt
gäbig	praktisch

Gädäli	kleiner Stall
Gäntärli	Küchenschrank, Kasten
Gitzi	Zicklein
Gness	abschüssige Felspartie
Hirtibütsch	auf der Alp gesömmertes junges Rind
Holzschüä	Aus einem Stück geschnitzte Holzschuhe, die der Grösse des Fusses entsprechend nach innen ausgehöhlt sind. Der Fuss wird durch zwei Lederriemen festgehalten.
hüärä scheen	ausserordentlich schön
Hundsverlochätä	unbedeutende Veranstaltung, Party
i dä Lappichaschtä lüägä	in den blöden Kasten starren (damit ist der Fernsehapparat gemeint)
Kartatschä	grober, hoher (Winter-)Schuh mit Holzsohle und Leder-Schaft
Männänä	hier: die als Zugtiere angelehrten Rinder
miär Lappichäibä	wir Dummköpfe
Pfiiffäruschtig	alles, was man zum Pfeifenrauchen braucht: Pfeife, Tabak, Zündhölzer

106

Pinggel	Heubürde
Priisbeedäler	preisgekrönter Volkstänzer
Ris	Kartenspiel
Rischi	Öffnung in der Heudiele, durch die das Heu in den Stall befördert wird
Schtaballa	(altertümlicher) Stuhl mit geschnitzter Lehne
schtärnsverruckt	überaus wütend
schträngwärchig	mühsam zu bearbeiten
Schtüdagarbnä	Staudenbündel zu Heizzwecken herstellen
Schtupli	Stube, Wohnzimmer
Schtuss	Blödsinn
so eppis git's scho näiwä nimmä	so was gibt's schon irgendwie nicht mehr
Trämel	entrindeter Baumstamm
Triichlä	Treichel
üfäm Hund	total erschöpft
uf dr Fruttän'änä	drüben auf der Frutt (Flurname)

um ds Verreckä	unter keinen Umständen
vertroolet	zu Tode gestürzt
voräwäg	der Reihe nach, eins ums andere
Zaabig	nachmittägliche Zwischenverpflegung
z'gebenedäjä ha	zu sagen, zu bestimmen haben